Nürnberger Erinnerungen 6

Nürnberger Erinnerungen 6

Verkehr und Technik

Mitarbeiter:
Gerhard Obernosterer
Manfred Bräunlein
Freunde der Nürnberg-Fürther Straßenbahn e. V.
Dr. Rolf Pohle
Claus Schubert

Koordination und Lektorat:
Rolf Syrigos

VAH

VERLAG A. HOFMANN, NÜRNBERG

Verlag A. Hofmann, Nürnberg

Gesamtherstellung:
Hofmann Druck, Nürnberg
 Printed in Germany 1992
Schutzumschlag: Volker Hahn, Nürnberg
ISBN 3-87191-176-3

Auslieferung an den Buchhandel: M. Edelmann, Nürnberg

Inhaltsverzeichnis

Bildquellennachweis

Germanisches Nationalmuseum: *11*

Sammlung Manfred Bräunlein: *12, 31, 42, 46, 47*

Sammlung Peter Ramsenthaler: *13, 14*

Archiv Flughafen Nürnberg: *15, 17, 18*

Deutsches Museum München: *16*

Bildstelle Stadt Nürnberg: *20, 27, 63, 182*

Hermann Kobel: *23*

Walter Jochum: *21*

Archiv Nürnberger Nachrichten: *24, 25, 26*

Lichtbildstelle Bundesbahndirektion Nürnberg: *30, 32, 33, 36, 38, 39, 40, 41, 43, 48, 49, 54*

Verkehrsmuseum Nürnberg/Postabteilung: *50, 51, 208*

Stadtarchiv Fürth: *34*

Manfred Bräunlein: *55, 61, 64*

Peter Ramsenthaler: *52, 53, 56–59*

Ernst Schörner: 35, 37, 45

Dr. Heinrich Dillmann: *60, 108, 114, 115, 117, 135*

Ulrich Montfort: *62*

Archiv VAG Nürnberg: *69, 70, 71, 74, 76, 78, 80, 84–87, 89–99, 101, 104–107, 109, 111, 113, 116, 121, 124, 125, 130, 131, 133*

Fahrkarten aus der Sammlung Gerhard Wachsen, Nürnberg: *34, 44*

Archiv EWAG Nürnberg: *65*

Sammlung Dr. Helmut Häußler: *72, 120*

Verein der Freunde der Nürnberg-Fürther Straßenbahn: *73, 83*

Hochbauamt Stadt Nürnberg: *75, 102, 110, 163, 181, 184*

MAN-Werkfoto: *77, 81, 82, 88, 142, 206, 210, 213*

Sammlung Seibold: *79*

Familienbesitz Thaler/Wagenhuber: *100*

Helmut Fritz: *103*

Richard Schatz: *112, 129, 132, 134, 189*

Archiv IGMIV e. V.: *122, 123, 199, 202, 207, 223*

Sammlung Christoph Albrecht: *126*

Werkfoto Kässbohrer: *127, 128, 212*

Claus Schubert: *136, 171, 214*

Stadtreinigungs- und Fuhramt Nürnberg: *140, 141, 143–162, 164–170, 221*

Werkfoto Minnameier: *175, 180, 216, 217, 219*

Polizeipräsidium Mittelfranken: *174, 176, 177, 178, 179, 215*

Feuerwehr Nürnberg: *183, 185, 186, 187*

Bayerisches Rotes Kreuz/Kreisverband Nürnberg: *190, 191, 192, 193, 194*

Werkfoto Hercules: *200, 201, 203, 228*

Werkfoto Estelmann: *204*

Georg Schneider: *205*

Sammlung Hesse, Ansbach: *209*

Museum für Verkehr und Technik, Berlin: *211*

Sammlung Stölting, Nürnberg: *218*

Sammlung Pairan, Neunkirchen a. S.: *220*

Museum Industriekultur Nürnberg: *222*

Werkfoto Victoria: *224*

Dr. Ernst Kredel, Deutsche Verkehrsflug Aktiengesellschaft Nürnberg-Fürth/Bd. 29 d. Reihe Musterbetriebe deutscher Wirtschaft, Organisation Verlags GmbH (S. Hirzel), Berlin 1931: *19*

E. Tragatsch, Motorräder, Motorbuch Verlag, Stuttgart: *225–227*

Nürnberg dürfte die deutsche Großstadt sein, die am meisten verkannt wird. Von den einen als wiederauferstandenes deutsches Mittelalter angesehen, von anderen als abseits der großen Zentren liegende „Gerade-schon-Großstadt“ abgetan, stellt sie sich bei genauem Hinsehen als pulsierende Halbmillionenstadt dar.

Doch bereits in den vergangenen Jahrhunderten war der Ruf unserer Stadt geprägt durch Handel und Handwerk, Kommerz und Kunst. Das „Image“ der Stadt, das den Verantwortlichen unserer Tage manche Kopfschmerzen bereitet, begann zu strahlen, als mit dem Bau der ersten deutschen Eisenbahn anno 1835 nach Fürth das Industriezeitalter eingeläutet wurde.

Die bis dahin innerhalb des Mauerringes lebende Bevölkerung erlebte einen explosionsartigen Zuwachs, die Stadt uferte förmlich in ihr landwirtschaftlich geprägtes Umfeld aus. Diese Phase der industriellen Revolution ab der Mitte des vergangenen Jahrhunderts bildete die Basis von Wachstum und Wohlstand und machte die Stadt binnen weniger Jahrzehnte zu einem bedeutenden Standort der Schwerindustrie ebenso, wie der Halbzeug- und Konsumgüterproduktion, vor allem aber des Automobil-, Motorrad- und Schienenfahrzeugbaus, kurz gesagt, zu „der“ bayerischen Industriestadt.

An diesem Punkt setzt der vorliegende Bildband als sechste Folge unserer Reihe „Nürnberger Erinnerungen“ an. Er beleuchtet schlaglichtartig die Zeitspanne etwa von 1900 bis in die sechziger Jahre unseres Jahrhunderts. Er ist dem Verkehrswesen und der damit verbundenen Technik gewidmet und will in Erinnerung rufen, welch bemerkenswerte Entwicklung die Stadt und die in ihr beheimatete Industrie trotz zweier Weltkriege und der totalen Zerstörung 1945 genommen hat. Das Buch bedient sich dazu der Zeitachse, die den Betrachter wie ein roter Faden durch die Kapitel geleiten und dabei möglichst umfassende Vergleiche zwischen einst und jetzt ermöglichen will.

Dem üblichen Schema zuwider, das Nürnberg immer mit der Eisenbahn in die Neuzeit dampfen läßt, steht hier die Luftfahrt an erster Stelle. Es folgt – natürlich – die Bahn, die bis in unsere Tage und erst recht wieder in ihnen, die Bedeutung der Stadt als Verkehrsknotenpunkt von internationaler Dimension unterstreicht. Von ebenfalls hoher Bedeutung, wenn auch „nur“ auf lokaler Ebene, sind die städtischen Verkehrsmittel Straßenbahn und Bus, denen jeweils ein weiteres Kapitel gewidmet ist.

Breiten Raum – soweit das oftmals spärliche Archivmaterial dies zugelassen hat – nimmt auch die Darstellung des Sicherheits- und Rettungswesens ein. Polizei, Feuerwehr und Rotes Kreuz haben von alters her wegen der Größe der Stadt eine besondere Bedeutung. Sie wird hier ausführlich dokumentiert, wobei die Darstellung eine bloße Wiedergabe von Fahrzeugtypen übersteigt. Die Fahrt durch die Nürnberger Verkehrsgeschichte zwischen 1900 und 1960 bliebe unvollständig, ließe man die kommunalen Dienstleistungsbetriebe außer acht. Dem städtischen Fuhrwesen von der Straßenreinigung bis zur Müllabfuhr und vom Leichenwagen bis zum Teerfahrzeug ist daher breiter Raum gewidmet. Nicht minder bedeutsam, auch wenn es den Abschluß bildet, ist das Kapitel über die Nürnberger Fahrzeughersteller und die Vielfalt ihrer Produkte.

Alle Beiträge stammen aus der Feder namhafter Autoren, die mit großer Akribie das Archivmaterial ausgewählt und bewertet haben. Dem Leser und Betrachter des Buches ist zu wünschen, daß er aus der Aufbereitung dieses speziellen Kapitels der Nürnberger Stadtgeschichte neues Wissen schöpfen und – so er der älteren Generation angehört – manche Jugenderinnerung auffrischen kann. Allen Nutzern gemeinsam möge der vorliegende Band deutlich machen, daß die Stadt Nürnberg fast für ein Jahrhundert lang kein „Image“ brauchte, denn die Stadt hatte einen guten Namen als Industriestandort und wir wollen alle dazu beitragen, daß es auch weiterhin so bleibt.

Günter Hofmann

Der Luftverkehr in der Region Nürnberg – Fürth

Kaum zu glauben, jedoch historisch verbürgt: Schon lange vor der Eisenbahn und dem Auto gab die Luftfahrt in Nürnberg ihr Debüt. Es war am 12. November 1787 nachmittags gegen drei Uhr, als der Franzose Jean Pierre Blanchard mit einem wasserstoffgefüllten Ballon vom Judenbühl – dem heutigen Maxfeld – zur ersten Luftreise in Nürnberg aufstieg.

Nach diesem spektakulären Einstieg in das Luftfahrtzeitalter verging jedoch geraume Zeit, ehe weitere Erfindungen den Luftverkehr im eigentlichen Sinne ermöglichten. Es entstanden die lenkbaren, motorisierten Luftschiffe. Am bekanntesten wurden die Konstruktionen des Grafen Zeppelin. Zum Aufsteigen und Landen war kein eigentlicher Flugplatz notwendig, es genügte ein Feld mit einem Mast zum Festmachen des Luftschiffs. Wortgetreu heißt der Nürnberger Landeplatz noch heute Zeppelinfeld.

Unabhängig von den Luftschiffen hatten sich auch die Motorflugzeuge zu relativ zuverlässigen Fluggeräten gemausert. Anfangs nur für Pioniertaten und Abenteuer einzelner genutzt, entwickelten sie sich schon bald zu einem durchaus brauchbaren Verkehrsmittel. Doch dazu mußte noch die notwendige Infrastruktur geschaffen werden.

Der erste Flugplatz in der Region wurde vom Militär in Fürth-Atzenhof eingerichtet. Ab 1919 wurde er als Zivilflugplatz weiterbetrieben und diente dem Bayerischen Luft Lloyd für Zwischenlandungen bei den Flügen München – Weimar.

Immer größere Flugzeuge kamen, und so wurde der Bau eines neuen Flugplatzes notwendig. Am 20. August 1933 wurde Nürnberg-Marienberg mit einem großen Volksfest eröffnet. Er war von nun an Dreh- und Angelpunkt für den Luftverkehr in der Region und Heimatplatz einer renommierten Flugschule. Mit dem

Kriegsbeginn 1939 wurde der Flugplatz dem Luftgau-Kommando XIII unterstellt und 1943 bei einem Luftangriff zerstört.

Fünf Jahre nach Kriegsende – Fluggesellschaften der Alliierten hatten in Deutschland den Betrieb aufgenommen – kam wieder Fürth mit einem Flugplatz zum Zuge. Der 1941 für die Firma Bachmann und Blumenthal gebaute Werksflugplatz auf der Hardhöhe diente ab 1950 für ein halbes Jahrzehnt als Verkehrslandeplatz.

Erst am 6. April 1955 konnte der jetzige Verkehrsflughafen in Nürnberg vom damaligen Bundesverkehrsminister Hans-Christoph Seebohm feierlich eröffnet werden. Er war in nur einjähriger (!) Bauzeit im Knoblauchsland entstanden. In mehreren Ausbaustufen wurden die Abfertigungsgebäude erweitert und so dem gestiegenen Passagieraufkommen Rechnung getragen. Hatte es in Atzenhof mit einigen hundert Passagieren pro Jahr begonnen, waren es am Marienberg im Jahre 1937 bereits 35 000. Bei immer noch steigender Tendenz benutzten 1991 schon 1,4 Millionen Fluggäste den Nürnberger Flughafen.

Der Vollständigkeit halber seien auch noch die zwei Militärflugplätze in und um Nürnberg erwähnt. Von 1945 bis 1968 benutzten die Amerikaner die Breite Straße am Dutzendteich als Kurierflugplatz. Mit der zunehmenden Wohnbebauung in Nürnberg-Langwasser wurde dieser Platz aufgegeben und unmittelbar außerhalb der Stadtgrenzen der Flugplatz Feucht-Airfield gebaut.

Zu Beginn des zivilen Luftverkehrs in den zwanziger Jahren wurden ausschließlich Flugzeuge aus dem 1. Weltkrieg eingesetzt. Sie waren drei- bis viersitzig, rund 100 km/h schnell und boten recht mäßigen Komfort. Bald wurden aber ausgesprochene Verkehrsflugzeuge gebaut. Rumpler, Messerschmitt und Junkers seien als herausragende Fabrikate genannt. Schon 1926 stand mit der Junkers G 24 ein Flugzeug für zehn Passagiere zur Verfügung. Die legendäre Junkers JU 52, mit einer Reisegeschwindigkeit von über 200 km/h und 17 Sitzplätzen, bildete mit ihrer großen Stückzahl das Rückgrat der deutschen Verkehrsluftfahrt ab Mitte der dreißiger Jahre.

Heute ziehen die Jets mit 900 – 950 km/h ihre Bahnen über Kontinente und Meere.

Gerhard Obernosterer

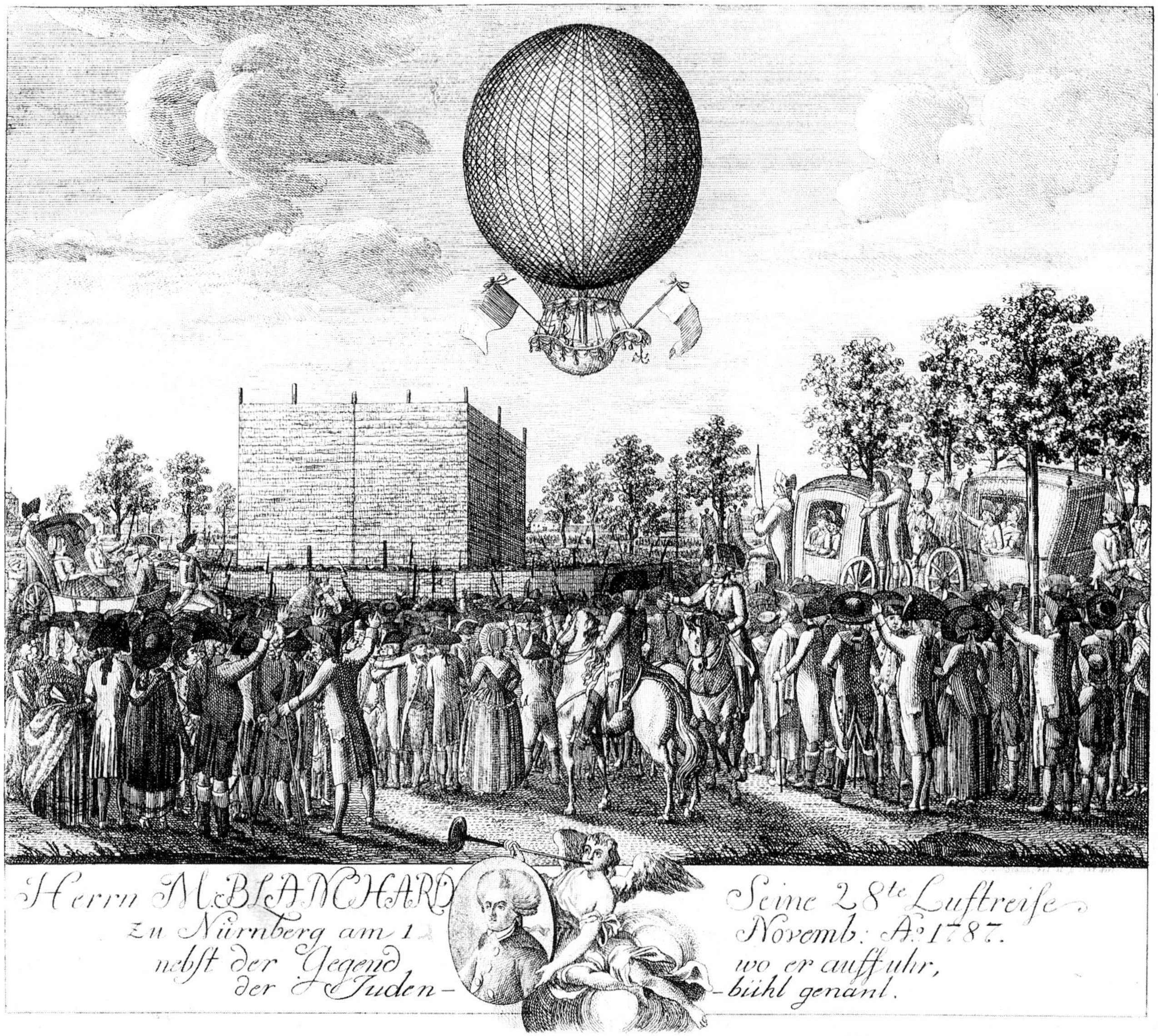

Volk und Edle, alle nahmen gleichermaßen Anteil an der ersten Luftfahrt zu Nürnberg am 12. November 1787. Eine riesige Menschenmenge hatte sich am Startplatz eingefunden und verfolgte den Ballon auf seiner Fahrt bis nach Großgründlach. Nach der geglückten Landung wurde Blanchard von den Nürnbergern überschwenglich gefeiert – kein Wunder, konnten doch die Leute zum allerersten Mal einen Menschen wahrhaft durch die Lüfte fahren sehen. Zur Sicherheit für die Zuschauer wurde der Ballon hinter einem eigens errichteten Holzverschlag mit Wasserstoffgas gefüllt.

Auf dem Zeppelinfeld in Nürnberg landete 1908 erstmals der Zeppelin III. Das 136 Meter lange Luftschiff konnte bis zu 25 Personen aufnehmen und erreichte mit seinen beiden 85 PS-Motoren immerhin schon eine Geschwindigkeit von 45 km/h. Gebaut wurde es in einer schwimmenden Halle am Bodensee in der Nähe von Manzell. Zeppelin III startete am 9. Oktober 1906 zu seiner Jungfernfahrt.

Das Luftschiff LZ 127 „Graf Zeppelin" über der Nürnberger Burg. Bei den ersten Reichsparteitagen war der Besuch durch „Graf Zeppelin" Tradition. Dieses Luftschiff wurde 1928 gebaut und absolvierte noch im gleichen Jahr die erste Atlantiküberquerung. Eine weitere Sensation war die erste Reise um die Welt, zu der das Luftschiff am 15. August 1929 mit 20 Passagieren und 41 Mann Besatzung startete. Nahezu 240 Meter lang war die Riesenzigarre; und fünf Motore zu je 580 PS sorgten für eine respektable Reisegeschwindigkeit von über 100 km/h.

Die Albrecht-Dürer-Straße mit dem Luftschiff „Graf Zeppelin" im Hintergrund. Weltreisen waren zur damaligen Zeit nur für Wohlhabende erschwinglich. So kostete eine Fahrt nach Südamerika immerhin 1400 Reichsmark. Die Stadt zeigt sich im Fahnenschmuck der ersten Reichsparteitage. Noch sind viele Fahnen in Schwarz-Weiß-Rot und Rot-Weiß zu sehen. Bei späteren Reichsparteitagen wurden nahezu ausschließlich Hakenkreuzfahnen gehißt.

„Flughafen Nürnberg-Fürth“ war die offizielle Bezeichnung des Flugplatzes in Atzenhof. Er wurde 1919 auf dem Gelände des stillgelegten Militärflugplatzes eingerichtet und 1920 von den Siegermächten in die Liste der internationalen Flughäfen aufgenommen. Noch im gleichen Jahr wurde er von den Flugzeugen der Companie Franco-Romaine, der Vorgängerin der Air France, auf ihrer Route Paris–Prag angeflogen. Im April 1921 nahm hier die erste Flugwetterwarte Deutschlands den Betrieb auf. Die Nordbayerische Verkehrsflug GmbH flog 1930 mit Messerschmitt-Flugzeugen vom Typ M 18, M 18 d und M 24, die im nahen Bamberg gebaut wurden.

Rumpler baute nicht nur Flugzeuge, sondern betrieb – wie damals üblich – auch eine eigene Fluggesellschaft. Auch der Deutsche Aero Lloyd setzte auf der Strecke Augsburg–München–Nürnberg/Fürth–Magdeburg–Berlin Rumpler Doppeldecker ein. Die beiden offenen Sitze für die Passagiere waren hinter dem Pilotensitz angeordnet. Bei den Flügen wurde regelmäßig auch Luftpost transportiert. Der Deutsche Aero Lloyd vereinigte sich mit dem Junkers Luftverkehr am 6. Januar 1926 zur Deutschen Lufthansa.

Für den Zuliefer-Eiltransport der „Flugpost", so hieß die Luftpost in den zwanziger Jahren noch, wurde ein motorisiertes Fahrrad eingesetzt. Der Bote kam damit direkt an das Rumpler-Flugzeug zur Übergabe. Und ab ging die Post – im wahrsten Sinne des Wortes. Oft konnten die Piloten bei schlechtem Wetter nur im Tiefflug ihr Ziel ansteuern. Wenn es dann unterwegs überhaupt nicht mehr weiter ging, mußte schon mal eine größere Wiese als Notlandefeld herhalten.

Die Junkers F 13 war das erste Kabinenflugzeug überhaupt. Ab 1922 landete der sechssitzige Ganzmetall-Tiefdecker regelmäßig in Atzenhof. Mit einer Reisegeschwindigkeit von 140 km/h konnte er Entfernungen bis zu 1200 Kilometer überbrücken, ohne zum Tanken landen zu müssen. Zur Leipziger Frühjahrsmesse 1928 richtete die Nordbayerische Verkehrsflug GmbH einen Zubringerdienst ein. Bedient wurden neben Nürnberg/Fürth die Städte Berlin, Dresden, Chemnitz, Plauen und Zwickau. Die Beförderung von insgesamt 414 Fluggästen wurde damals als außergewöhnliche Leistung gewürdigt.

Die große Werfthalle der Nordbayerischen Verkehrsflug AG auf dem Flughafen Nürnberg-Fürth um 1930. Schon frühzeitig wurde erkannt, daß regelmäßige Wartung der Flugzeuge für die Sicherheit des Luftverkehrs unabdingbar ist. Die Motoren wurden nach zweihundert Betriebsstunden, mindestens aber einmal jährlich, ganz zerlegt, überprüft und grundüberholt. Dieser Prozedur wurden in der Winterpause auch die Flugzeugzellen unterzogen. Von der Deutschen Versuchsanstalt für Luftfahrt wurden all diese Maßnahmen überwacht und darüber hinaus alle Neukonstruktionen auf Sicherheit und Lufttüchtigkeit geprüft.

Der Flughafen Nürnberg-Marienberg kurz nach der Eröffnung 1933. Eine Rohrbach „Roland“ der Lufthansa steht auf dem Vorfeld. Zwar wurde schon 1927 vom Nürnberger Stadtrat der Beschluß gefaßt, am Marienberg einen neuen Flugplatz anzulegen, doch konnte wegen fehlender Mittel erst im Frühjahr 1933 mit dem Bau begonnen werden. Das 140 Hektar große Gelände war knapp vier Kilometer vom Hauptbahnhof entfernt und vom Stadtzentrum leicht und schnell erreichbar.

Mit diesen Werbeplakaten wurde der Flughafen am Marienberg in den 30er Jahren als lohnendes Ausflugsziel vermarktet. Bis in die heutige Zeit hat die Anlage mit dem internationalen Airport-Code „NUE“ nichts von ihrer Attraktivität für Passagiere wie Zaungäste eingebüßt.

Zwischen den beiden JU 52-Flugzeugen auf dem Vorfeld des Flughafens Nürnberg-Marienberg ist im Hintergrund die Burg zu erkennen. In den ehemaligen Flughafengebäuden residiert heute das Stadtreinigungs- und Fuhramt. Auf dem eigentlichen Flugfeld ist nach 1945 eine Kleingartenkolonie und ein Freizeitpark entstanden.

Adolf Hitler kam mit der „Führermaschine“, einer Junkers JU 52, zum Reichsparteitag nach Nürnberg. Die Aufnahme aus dem Jahr 1937 zeigt das Flugzeug über der Nürnberger Burg.

Eine Lockheed Constellation am Interims-Flugplatz in Fürth. Der ehemalige Werksflugplatz von Bachmann und Blumenthal wurde behelfsmäßig instandgesetzt und von 1950 bis 1955 für die zivile Luftfahrt genutzt. Als erste Maschine landete am 2. Januar 1950 eine 27sitzige DC 3 der niederländischen KLM. Die Holländer kamen viermal die Woche nach Fürth. Noch im gleichen Jahr nahmen die belgische Sabena und die Air France den Flugplatz in ihr Streckennetz auf. Ab 1952 kam noch die skandinavische SAS mit einer Verbindung nach Kopenhagen über Hamburg hinzu.

Der heutige Nürnberger Flughafen am Eröffnungstag, den 6. April 1955. Die 1900 Meter lange Landebahn war bei weitem ausreichend für Passagierflugzeuge wie die 48sitzige Convair (links im Bild), die damals ein modernes Flugzeug für den innereuropäischen Liniendienst war. In mehreren Schritten wurden die Abfertigungsgebäude erheblich erweitert. Auch die Landebahn wurde auf 2700 Meter verlängert und in ihrer Tragfähigkeit verstärkt. So kann Nürnberg heute auch von ganz großen Flugzeugen bis hin zum Jumbo-Jet und der Galaxy angeflogen werden.

Im September 1955 wurde auf dem Vorfeld des Nürnberger Flughafens das erste eigene Motorflugzeug des Aero Club Nürnberg, eine Bücker 181, unter großer Anteilnahme der Bevölkerung getauft. Sportflugzeuge wurden damals auch auf Verkehrsflughäfen noch ohne Funkgerät geflogen. Die Anweisungen zum Starten und Landen kamen vom Kontrollturm mit Hilfe einer rot-weiß-grünen Lichtkanone.

Eine „Concorde" der Air France war 1986 der Star am Nürnberger Flughafen beim Tag der offenen Tür. Sie ist das einzige Überschall-Passagierflugzeug im Liniendienst und bietet 100 Fluggästen exclusiven 1.-Klasse-Service. Bei doppelter Schallgeschwindigkeit dauert ein Flug von Paris nach New York gerade noch drei Stunden 45 Minuten. Die Concorde startet in Paris um 11 Uhr vormittags und landet nach ihrem Flug über den Atlantik in New York um 8.45 Uhr morgens am selben Tag. Sie fliegt der Zeit einfach davon.

Eisenbahn in Nürnberg

Über Jahrhunderte haben traditionelle, wenig leistungsfähige Verkehrsmittel den gesellschaftlichen Anforderungen entsprochen. Güter, Personen und Nachrichten wurden mit Karren, Planwagen, Kutschen, Segel- oder Treidelschiffen transportiert. Als dann im 18. Jahrhundert der Bau von Chausseen aus militärischen Gründen gefördert wurde, setzten diese Kunststraßen ein Signal, denn nun konnte die dreifache Zugkraft umgesetzt werden. Nutznießer strategischer Forderungen waren die Postkutschenlinien, welche jetzt in Form von Schnellpostkursen wie Pilze aus dem Boden schossen. Etwa zur gleichen Zeit fand man heraus, daß bei einer Schienenbahn sowohl die zu transportierende Eigen- als auch die Nutzmasse vielfach höher ist als im Straßenverkehr; dazu kommt noch der geringe Rollwiderstand und die Zuglänge, wie sie auf der Straße bis heute undenkbar ist.

Mit diesen wenigen, aber entscheidenden Faktoren begann die technische Revolution und der Start in das Eisenbahnzeitalter. Aber König Ludwig I. war davon noch nicht überzeugt und glaubte, ähnlich gute Transportergebnisse durch den Schiffsverkehr erreichen zu können. Für ihn hatte der Bau des Ludwigs-Kanals Priorität und das neue Verkehrsmittel Bahn mußte zuerst seinen Praxistest erfolgreich absolvieren.

Die Städte Nürnberg und Fürth boten diese Chance und sind seither mit dem Eisenbahngedanken eng verbunden. Die erste Deutsche Privatbahn jedoch blieb immer ein Inselbetrieb und hörte 1922 auf zu existieren. Unabhängig von diesem Ereignis veränderten jeweils zu bestimmten Zeiten Transportmittel das Erscheinungsbild der Fürther Straße. Man denke nur an Chausee, Ludwigsbahn, Ludwigs-Süd-Nord-Bahn, Staatsbahn, Straßenbahn, U-Bahn und Individualverkehr.

War die Ludwigsbahn Auslösefaktor für den Wandel der Fürther Straße in Nürnberg und der Nürnberger Straße in Fürth, so blieb es der „Ludwigs-Süd-Nord-Bahn" ab 1844 vorbehalten, die Entwicklung beider Städt nachhaltig zu beeinflussen. Für die erste bayerische Fernbahn von Triest über Lindau, Augsburg, Nördlingen, Bamberg, Hof nach Leipzig wurde in Nürnberg lange ein geeigneter

Bahnhofsstandort gesucht. König Ludwig I. jedoch legte sich auf den Platz vor dem Königstor fest und wünschte die Ausfertigung des Kopfbahnhofes im neugotischen Stil.

Ließ sich der Monarch vorwiegend nur von gestalterischen Fragen leiten, so avancierte seine Entscheidung letztlich doch zur Keimzelle expansiver Stadtentwicklung. Von Vorteil war sicherlich, die Gleisanlagen relativ nahe an den mittelalterlichen Befestigungsring heranzurücken und nicht, wie später z. B. in Würzburg geschehen, den innerstädtischen Bereich direkt anzubinden. So hatte man 1859 Platz genug, den zweiten Kopfbahnhof für die Königlich-Privilegierte Ostbahn direkt neben dem Centralbahnhof (am heutigen Marientunnel) anzugliedern und 1861 die beiden Bahnhöfe miteinander zu verbinden. Ein weiterer Pluspunkt offenbarte sich knapp zwei Jahrzehnte später, erfolgten doch ab 1878 umfangreiche Erweiterungen im Gleisbereich. Hinzu kamen Lokbehandlungsanlagen, Werkstätten, der „Kohlenhof“ und das Ausbesserungswerk an der Austraße.

Die neuen Anlagen allerdings waren weitere zwei Jahrzehnte später schon wieder viel zu klein und die Expansion südlich der Altstadt erreichte größere Ausmaße. Im südlichen Reichswald entstand zwischen 1900 und 1906 der Rangierbahnhof mit seinen Anschlußverbindungen. Durch die Ausgliederung des Güterverkehrs wiederum konnten die Anlagen am neuen Hauptbahnhof – ausschließlich für Personenverkehr – nicht nur erweitert werden, die Gleise wurden höher gelegt, so daß Perron- und Straßentunnels entstehen konnten. Den weißen Fleck auf der städtischen Landkarte zwischen den neuen Bahnhöfen requirierte die Industrie für sich und trug so zu dem charakteristischen Erscheinungsbild eines technischen Standortes als Kontrapunkt zur Altstadtsilhouette bei.

1906 also waren die „Karten gemischt“ und die weitere Entwicklung von Bahn und Stadt hatte sich an den geschaffenen Vorgaben zu orientieren. Insofern enthält das bisher Dargestellte keine Neuheiten, bleibt noch die Frage, wie hätte sich die Stadt anders entwickelt, wäre der erste Centralbahnhof am Neu-Thor oder am Laufer-Thor entstanden? Eine Antwort auf diese rethorische Frage sei der Phantasie überlassen, während das nachfolgende Kapitel dem Auf und Ab einer der Eisenbahn verbundenen Stadt gewidmet ist.

Manfred Bräunlein

Am Anfang einer „Bilderreise“ durch die Jahrzehnte der Eisenbahnentwicklung im Nürnberger Raum soll diese historische Postkarte des ersten Nürnberger Centralbahnhofs (links) stehen. Im neugotischen Stil für die „Ludwigs-Süd-Nord-Bahn“ 1847 errichtet, präsentiert sich der Bahnhof hier, im Jahre 1900 bereits als Durchgangsbahnhof. Daneben das Telegraphenamt und das Fahrpostgebäude.

Eingangstor zu einer Stadt nannte man im vorigen Jahrhundert Bahnhöfe, Berührungspunkte zwischen Fern- und Nahverkehr. Allerdings fehlt auf obiger Nachtaufnahme die typische Betriebsamkeit eines Großstadtbahnhofes, entstand doch das Foto bereits vor der Eröffnung 1906.

Ebenfalls vor der offiziellen Inbetriebnahme des neuen Nürnberger Hauptbahnhofes lichtete der Fotograf die Mittelhalle ab. Heute dominieren an dieser Stelle die Rolltreppen. Einer längeren Betrachtung empfohlen seien die vielen Fahrkartenschalter für die vorgegebenen Strecken und Richtungen: München–Augsburg–Crailsheim auf der linken, Würzburg–Regensburg auf der rechten Seite.

Aus dem ehemaligen Centralbahnhof für Güter- und Personenverkehr wurde zwischen 1900 und 1906 ein noch größerer Hauptbahnhof, ausschließlich für den Personenverkehr. Nachdem auch der Gleisplan sich grundlegend änderte, entstand auf der Westseite für die Münchener Strecke ein „Überwerfungsbauwerk", das hier gerade (1907) von einem Personenzug Richtung Treuchtlingen befahren wird. Vor der Stützmauer die Bamberger und die Würzburger Ausfahrgleise, davor die beiden Maschinengleise zum Bahnbetriebswerk und ganz vorne die Gleise des Güterbahnhofs.

Erlebte Geschichte könnte der Untertitel zu diesem Foto heißen. Ob es sich um die zu Lazarettwagen umfunktionierten Personenwagen handelt, die Wellblechbude am Bahnsteig, verletzte Soldaten mit Pickelhauben oder um das Sanitätsauto mit zwei PS – damalige Lebensverhältnisse spiegeln sich in allen Details dieser Aufnahme wider. Sie entstand 1915 in Fürth-Unterfarrnbach. Dazu passend eine Fahrkartenbesonderheit: Das Billet ist vor allem deshalb eine Rarität, weil der Soldat mit dieser Militärfahrkarte auch noch im alten Nürnberger Centralbahnhof abfuhr.

Fürth-Unterfarrnbach, 20 Jahre später: Ein Güterzug hat soeben den Hauptbahnhof von Fürth durchfahren, die Sieben-Bogen-Brücke passiert und rollt nun Richtung Bamberg. Zuglok ist die ehemals preußische G 10, jetzt Reichsbahn-Baureihe 57 mit der Betriebsnummer 3425. Das Vorsignal, rechts, für Züge aus Bamberg nennt man „Schmetterlingssignal“. Es gehörte zu den Besonderheiten in der Signaltechnik der Königlich Bayerischen Staatsbahn.

Auch Lokomotiven haben ein Zuhause, es ist das Heimat-Bahnbetriebswerk. Ihm sind die Lokomotiven zugeteilt, hier werden Reparaturen durchgeführt, das Werkstattpersonal kennt alle Wehwehchen der Lok und die Stamm-Mannschaft steht auf „Du“ mit ihrer Maschine, um sie optimal zu führen. Das obige Bild führt uns 1932 in das Bahnbetriebswerk nahe der Austraße, wo gerade eine „bayerische S 3/5“ (Baureihe 17 505) mit Kohle versorgt wird.

Der elektrische Betrieb auf der Hauptstrecke Nürnberg–Regensburg (–Passau –Linz–Wien) war erst ab 10. 5. 1950 möglich. Bis dahin gehörte sie ausschließlich Dampf- und Dieseltriebfahrzeugen. Belege dafür sind die beiden Aufnahmen vom 6. Mai 1935. Aufnahmestandpunkt ist eine Überführung zwischen Nürnberg-Fischbach und Nürnberg-Dutzendteich, nahe dem heutigen Altenheim. Das obere Foto zeigt den „WUMAG-Triebwagen" (Benzolmotor) mit seinen charakteristischen Kühleraufbauten. Auf dem Bild unten wird der D 54 von der bayerischen Dampflok der Gattung S 3/6, der 18 441, nach Regensburg gezogen.

Als Großbaustelle präsentiert sich der Nürnberger Hauptbahnhof im Jahre 1935. Wegen der Elektrifizierung der Strecke München–Nürnberg mußten Signalbrücken mit bayerischen Ruhesignalen höher gesetzt, Weichenstraßen verändert und Masten für die Oberleitung aufgestellt werden. Deutlich ist auf dem Bild die alte Signalbrücke mit dem Geländer erkennbar, während links auf dem Bild die neue aus Profilblech gerade installiert wird.

Im Frühjahr 1935 waren die Elektrifizierungsarbeiten im Nürnberger Hauptbahnhof beendet, der elektrische Zugverkehr zwischen München und Nürnberg planmäßig möglich. Aus der Anfangsphase des elektrischen Betriebs stammt dieses Bild. Soeben setzt sich die Schnellfahrlokomotive E 18 24 als Rangierfahrt vor den bereits eingefahrenen Zug aus Leipzig, um ihn anschließend nach München zu bringen.

Die Idylle trügt! Die Aufsichtsbeamtin auf Bahnsteig 2 des Nürnberger Hauptbahnhofs, die im Sommer 1942 einen Personenzug mit der in Nürnberg stationierten E 44 086 abfertigt, steht im Wortsinne ihren Mann, denn der trägt zu dieser Zeit den Soldatenrock statt der Eisenbahner-Uniform. Hingegen konnte sich der Reisende nach Saalfeld/Halle/Berlin auf Bahnsteig 2 des Nürnberger Hauptbahnhofs schon um 11.05 Uhr orientieren, wo die Wagen welcher Klasse seines Schnellzugs mit Abfahrt um 11.37 Uhr halten würden. Daneben wird ein Personenzug über Bamberg– Schweinfurt nach Eisenach angezeigt. (Bild von 1934 auf der rechten Seite).

Bahnsteig 2
Saalfeld Halle
Berlin
Schnellzug
Bamberg
Schweinfurt Eisenach
3. Klasse
2. Klasse
3. Klasse
3 Klasse
Ankunft
voraussichtlich

Winter-Sport im Bayerischen Wald

Führer zum Sonderzug Nürnberg Hbf – Lam und zurück

Hinfahrt			Rückfahrt		Ermäßigte Fahrpreise
4.10	ab	Nürnberg Hbf	an	23.08	RM 6.
4.17	„	Nürnberg-Mögeldorf	„	23.02	„ 6.
4.31	„	Lauf (links Pegnitz)	„	22.47	„ 5.60
4.44	„	Hersbruck (links Pegnitz)	„	22.35	„ 5.20
5.12	„	Sulzbach-Rosenberg	„	22.05	„ 4.40
5.24	„	Amberg	„	21.53	„ 4.—
5.49	„	Schwandorf	„	21.29	„ 3.20
6.41	„	Cham	„	20.34	Sonntagsrückfahrkarte
7.28	„	Kötzting	an	19.47	„
8.08	an	Lam	ab	19.12	

Die Wagen sind genummert, auf der Heimreise werden die gleichen Plätze eingenommen wie bei der Hinfahrt

Schon seit einer Reihe von Jahren werden aus dem Bezirk Nürnberg nach dem **Bayerischen** Wald in den Lamer Winkel Sonderzüge geführt, die einerseits den Nürnberger Wochenendverkehr beleben, **anderseits** den Zweck verfolgen, schöne, zum Teil vielen noch unbekannte Landstriche unserer deutschen Heimat zu erschließen, gleichzeitig aber auch unsere deutschen Brüder an der Ostmark in ihrem harten **Wirtschaftskampf** zu **unterstützen**.

Im Winter, wenn wir auf Schneeschuhen durch Frau Holles Wunderland dahineilen, lockt der Bayerische Wald ganz besonders. Was wir hier im Osser- und Arbergebiet an wilden Naturschönheiten erleben, können uns die heimatlichen fränkischen Berge des Jura oder Fichtelgebirges nicht bieten.

Mächtig bauen sich die Berge des Bayerischen Waldes auf. Bis zu einer Höhe von 1458 m steigt der Arber, „der König der Berge", empor und gewährt bei sichtigem Wetter die herrlichste Fernsicht. Weithin schweift das Auge, im Norden bis zum Erzgebirg und Fichtelgebirg, im Westen und Osten über die Hänge und Täler des Bayer- und Böhmerwaldes, im Süden über die in der Ferne da und dort aufglitzernde Donau hinweg bis zur Alpenkette, deren schneeige Häupter den Gesichtskreis abschließen.

Die nachstehend aufgeführten Wanderungen können besonders empfohlen werden. An Hand der beigegebenen Pläne wird auch der ortsunkundige Schiläufer sich unschwer im fremden Gelände zurechtfinden. Besonders schwierige Schiwanderungen werden von ortskundigen einheimischen Läufern gerne unentgeltlich geführt.

„Kraft durch Freude" hieß das Zauberwort, das einige Farbtupfer in den „braunen" Alltag brachte. Ob es sich dabei um den Sonntagsausflug nach Gräfenberg oder um Sonderzüge für Skifahrer handelte, die Eisenbahn erfüllte manch langgehegten Wunsch. Bemerkenswert die Fahrplanleiste des Flugblattes: Die Fahrzeit Nürnberg – Lam war damals noch über eine Stunde länger als heute, der Fahrpreis dafür unvergleichlich niedrig.

Auch im kalten Kriegswinter 1940 achtete die Deutsche Reichsbahn noch auf Sauberkeit bei ihren Wagen. Mit viel Kraft, aber kaum allzu großer Freude dürften diese Frauen ihre Arbeit als Wagenreinigerinnen geleistet haben, erscheint doch ihre Mühe angesichts des gefrierenden Putzwassers ziemlich vergeblich.

Untrennbar verbunden mit Nürnberg sind Eisenbahnjubiläen und Verkehrsmuseum. Weniger bekannt allerdings ist die Liliputbahn, welche in den 30er Jahren im Innenhof des Verkehrsmuseums ihre Runden drehte. Für jung und alt war sie sicherlich eine willkommene Abwechslung, zumal ein Mini-Stellwerk mit Signalen Einblick in die Bahntechnik ermöglichte. – Die Rundfahrt mit der „Ludwigs-Eisenbahn" kostete damals 10 Pfennige (siehe Fahrkarte rechts).

Eine von vielen Veranstaltungen im Jubiläumsjahr 1935 war die Reichsbahnausstellung „100 Jahre Deutsche Eisenbahnen“ an der Allersberger Straße. Neben der großen Zahl an bestaunenswerten Objekten gab es noch die Rundfahrt mit dem „Adler“ oder die Mitfahrt auf dem Führerstand der Schnellzug-Dampflok 01 146.

SONNTAG · 8. DEZEMBER

14 UHR

Parade der Reichsbahnfahrzeuge

im Rangierbahnhof Nürnberg nahe
der Katzwanger Brücke

Es fahren vorbei:

1. Zehn neuzeitliche Einheits-Schnellzuglokomotiven
2. Der nachgebildete erste deutsche Eisenbahnzug
3. Die nachgebildete Lokomotive „Die Pfalz" aus dem Jahre 1854 mit dem Salonwagen Bismarcks
4. Die neuen Fahrzeuge der Reichsbahn für Höchstgeschwindigkeiten
   a) Die Borsig-Stromlinienlokomotive für 175 km/h mit D-Zug-, Speise- und Gepäckwagen
   b) Der Henschel-Stromliniendampfzug für 175 km/h
   c) Zweiteiliger Wechselstrom-Schnelltriebwagen für 160 km/h
   d) Zweiteiliger dieselelektr. Schnelltriebwagen für 160 km/h
   e) Dreiteiliger dieselelektr. Schnelltriebwagen für 160 km/h
5. Neuzeitliche Dampflokomotivtypen mit entsprechenden Wagen
   a) Schnellzuglokomotiven mit D-Zug-, Schlaf- und Rheingoldzug-Wagen
   b) Ein geschlossener Dampfzug als Sonderzug „Fahrt ins Blaue"
   c) Tenderlokomotive mit Personenzugwagen — Leichtdampfzug
   d) Güterzuglokomotive mit Großgüterwagen
   e) Güterzugtenderlokomotive mit Schotterwagen und anderen Sonderwagen für den Gleisbau
   f) Güterzugtenderlokomotive mit Sondergüterwagen und einem Kranwagen
6. Diesellokomotive mit Voith-Flüssigkeitsgetriebe, angehängt ein Bauzug
7. Elektrische Lokomotiven
   a) Für Schnellzüge mit dem Karwendelexpreß
   b) Für Schnellzüge mit verschiedenen Bahndienstwagen
   c) Für Personenzüge mit Personenwagen
   d) Für Güterzüge mit Bierwagen
8. Elektrische Triebwagen
   a) Zweiteiliger Wechselstrom-Triebwagen für 120 km/h
   b) Vierachsiger Wechselstrom-Aussichtstriebwagen

Den Schlußpunkt der Veranstaltungen im Jubiläumsjahr 1935 bildete die „Parade der Reichsbahnfahrzeuge". Der Ausschnitt des Programmheftes zeigt, daß die Selbstdarstellung eines modernen Unternehmens deutlichen Vorrang vor der „Nostalgie" hatte.

Von der Tribüne nahe der Katzwanger Brücke herunter wurde dieses Bild aufgenommen. Es zeigt den zweiteiligen Elektrotriebwagen ET 11, der für den Städteschnellverkehr zwischen München und Berlin entwickelt wurde. Bei der Fahzeugparade war er der Programmpunkt 4c.

1935 gab es zur 100-Jahr-Feier der Eisenbahn in Nürnberg deutliche Signale für einen zukünftigen Schnellverkehr, so etwa den mit einer Dampflok bespannten Henschel-Wegmann-Zug. Er bestach durch seine Eleganz und seine Bequemlichkeit ebenso, wie durch die Höchstgeschwindigkeit von 175 km/h. Er sollte zwischen Berlin und Dresden eingesetzt werden. Das Bild zeigt den Zug vor der Halle, die seit Ende der Ausstellung bis heute als Umschlagstützpunkt für den Güterverkehr dient.

Von ihren Konstrukteuren bereits als reiner Zweckbau konzipiert, konnte die Ausstellungshalle nach Abschluß des Eisenbahn-Jubiläums 1935 ihrem eigentlichen Zweck dienen: Sie wurde – und wird bis heute – als Güterumschlaghalle im Stückgutverkehr genutzt. Das Bild beweist auch, daß die Bahn nicht erst nach Ende des Zweiten Weltkriegs den Lastwagen als Transportmittel entdeckte! Schon 1935 wurde der Landkreis Feucht vor den Toren Nürnbergs per Lkw-Kurs 807 versorgt.

Das schizophrene Erscheinungsbild der Jahre 1939– 1945 dokumentieren die Fotos auf dieser und der nächsten Seite. Lächeln die beiden Postbediensteten noch darüber, daß sogar der Fotograf vorbeischaut, um die neueste technische Errungenschaft, den Elektrokarren im Bahnsteigdienst, abzulichten, hat ein anderer Fotograf 1945 die traurige Pflicht, Schadensfotos von Bahnpostwagen im Nürnberger Hauptbahnhof zu machen.

Nach 25 Luftangriffen auf den Hauptbahnhof lag dieser im April 1945 beim Einmarsch der Amerikaner in Nürnberg ebenso darnieder, wie der Rangierbahnhof und andere Vorortstationen. Kein einziges Stellwerk war mehr betriebsfähig, zerbombte Wagen und Lokomotiven übersäten mit ihren Trümmern die zerfetzten Gleisanlagen. Auch durch die Werkstätten zog sich die Spur der Verwüstung. Doch schon im Mai 1945 wurde der Zugverkehr in bescheidenem Umfang wieder aufgenommen.

1947 wurde die Münchner Firma Moll beauftragt, in der Nürnberger Altstadt den Schutt abzuräumen, den die Bombenangriffe hinterlassen hatten. Vom Hauptmarkt bis zur Insel Schütt entstand in der Folgezeit ein verzweigtes Schmalspur-Bahnnetz (Spurweite 900 mm) mit vielen Weichen. Zum Beladen der Spezialloren waren Dampfbagger eingesetzt. Nach Verlassen der Stadtmauer ging es entlang der Pegnitz eingleisig vorbei am Prinzregentenufer bis zum Dürrenhoftunnel. Dort schwenkte die Schuttbahn in die Regensburger Straße ein und fuhr bis zum Fischbacher Wald, wo die Loren entladen wurden.

Wollte man in der Nachkriegszeit den damals neuen Begriff der „Marktwirtschaft“ mit Leben erfüllen, war es notwendig, den Warenaustausch leistungsfähiger zu machen. Nicht von ungefähr beteiligte sich deshalb die noch junge Deutsche Bundesbahn (DB) an der Ausstellung „900 Jahre Nürnberg“ mit der schweren Güterzuglokomotive 42 1496. Die Präsentation fand auf dem heutigen Volksfestgelände am Dutzendteich statt.

Während im Bahnhof Nürnberg-Ost der Fahrkartenverkauf noch immer in einer Trümmerwüste erfolgte, kehrte in den Hauptbahnhof schon langsam die Normalität zurück. Neben Büchern und Zeitschriften verkaufte eine alteingesessene Nürnberger Buchhandlung Kursbücher. Tabakwaren wurden feilgeboten, es gab eine Frühstücksgelegenheit und die Werbung unternahm zaghafte Schritte mit der Aufforderung: „Eßt Joghurt".

Ein Stück Normalität bedeutete damals vorwiegend auf Bewährtes zurückzugreifen, bevor Neuerungen durchsetzbar erschienen. Sind heutzutage ganze Fahrstraßen mit leichtem Knopfdruck einzustellen, mußte im Stellwerk 3 am Dutzendteich noch jede Weiche und jedes Signal einzeln an der Hebelbatterie gestellt werden.

In der unmittelbaren Nachkriegszeit bestimmten viele Baustellen das Fahrplangefüge. „Regler zu“ hieß das Kommando für den Lokführer und mit verminderter Geschwindigkeit rollt der Schnellzug Hof-Nürnberg auf die Baustelle (links neben dem Gleis steht die entsprechende Signaltafel) in Nürnberg-Erlenstegen zu. Zuglok war die Schnellzuglok 01 237.

1949 beabsichtigte die noch junge DB, mit neuen Dieseltriebfahrzeugen einen Städteschnellverkehr aufzubauen. Erinnerungen an den legendären „Fliegenden Hamburger“ mögen hier wohl Pate gestanden haben. In der Technologie jedoch wurden neue Wege beschritten: Der VT 92.5 war ein Studienobjekt für Design und zum Test von Dieselmotoren. Das Fahrzeug war in Nürnberg stationiert und befuhr hauptsächlich die Strecke nach Furth im Wald; das Bild zeigt es bei Nürnberg-Erlenstegen mit zwei Heizwagen. Später diente der mit dem Spitznamen „Kartoffelkäfer“ belegte Triebwagen dem Ausbesserungswerk Nürnberg als Schleppfahrzeug.

1951 war einer der Wendepunkte im Fahrplangefüge der Nachkriegszeit: Einzelne Verbindungen wurden zum inländischen Netz qualitativ hochwertiger Züge verknüpft. Ein Jahr später schon befuhr Ft 37/38 als „Rhein-Donau-Blitz“ die Strecke Regensburg–Dortmund. Dieses Bild zeigt ihn bereits kurz nach seinem Debüt am ehemaligen Bahnübergang „Wandererstraße“ zwischen Neusündersbühl und Doos.

Geradezu spartanisch wirkt dagegen dieses Bild einer Nebenbahnstrecke. Es entstand 1951 am Haltepunkt Fürth-Süd und zeigt den einzigen Benzol-Triebwagen, den die Waggonfabrik Dessau je gebaut hat. Der Triebwagen hatte die Reichs- bzw. Bundesbahn-Nummer VT 66 1906 und war auf der Biberttalbahn Nürnberg – Stein – Großhabersdorf – Dietenhofen – Unternbibert/Rügland im Einsatz.

Fünf Jahre nach Ende des zweiten Weltkrieges begannen DB und deutsche Lokomotivindustrie mit der Entwicklung neuzeitlicher und leistungsfähiger Elektroloks. Fünf unterschiedliche Probemaschinen wurden als Einzelexemplare von verschiedenen Firmen hergestellt. E 10 001 eröffnete den Reigen und war wie ihre vier Schwestern Zeit ihres Bahn-Lebens in Nürnberg beheimatet.

Die Lokomotiven der Baureihe E 10 bewährten sich und wurden deshalb in hohen Stückzahlen hergestellt. Allerdings ergab sich eine Änderung der Bauausführung, wie der Vergleich zwischen den Serienloks (Bild oben) und einem der Versuchsträger (Bild links) zeigt. Auch in der Großserie gab es einzelne Untergruppierungen, wie etwa die für den Fernschnellzug und späteren Trans Europ Expreß „Rheingold" bzw. „Rheinpfeil" (im oberen Bild rechts: E 10 1312).

Die Baureihe E 41 war als Mehrzwecklok für den leichten Schnell-, Eil-, Personen- und Güterverkehr auf Haupt- und Nebenstrecken konzipiert. Mit dem Fahrzeugkasten in Leichtbauweise orientierte sich die neue Lokgattung am Erprobungsträger der E 10. Darüber hinaus war E 41 001 die erste nach dem neuen Typenprogramm gelieferte E-Lok, während die E 41 149 die tausendste E-Lok der DB war – hier abgebildet auf der Veranstaltung „125 Jahre Deutsche Eisenbahn" im Nürnberger Hauptbahnhof am 7. 12. 1960.

Zum 125. Jubiläum der Eisenbahn in Deutschland fuhr die 1934 im Reichsbahn-Ausbesserungswerk Kaiserslautern nach Originalplänen gebaute Nachbildung der ersten deutschen Dampflok letztmals von Nürnberg nach Fürth. Das Bild zeigt den „Adler“ mit den ebenfalls nachgebauten historischen Wagen auf den Straßenbahngleisen an der Fürther Freiheit. Hier befand sich einst die Endstation der Ludwigsbahn.

Das Bild der Eisenbahnerstadt Nürnberg soll abgerundet werden mit Hinweisen auf die hier ansässige Industrie und ihre Bahnen. Späth beispielsweise, gründete am Dutzendteich die erste Fabrik Bayerns, montierte die „Adler"-Lokomotive und versuchte sich im Waggonbau. Aber auch Signale, Stellwerkstechnik, Drehscheiben, Brückenteile und anderes mehr wurden dort gefertigt. Das Foto zeigt einen Kranwagen um die Jahrhundertwende im Werksgelände.

Eisenwerk Nürnberg
A.-G.
vorm. J. Tafel & Co
NURNBERG

Gegründet 1875 :: Arbeiterzahl ca. 560

Stabeisenwalzwerk
Kleineisenzeug- u. Schraubenfabrik

Erzeugnisse:

a) **Walzwerk:**

Stabeisen, Bandeisen, Façoneisen sowie Spezialprofileisen.

b) **Kleineisenzeug- und Schraubenfabrik:**

alle handelsüblichen Schrauben u. Muttern, abnormale Schrauben, Waggonbau-schrauben, Isolatorenstützen, Schienen-nägel, Laschenschrauben, Hakenschrauben, Schwellenschrauben und andere Schienen-befestigungsmaterialien.

Andere Unternehmer wählten ihren Standort in Nürnberg mit Bedacht. Bewußt baute Tafel sein Werk in Jobst mit Gleisanschluß, um viele Produktionsstätten von Fabrikhof zu Fabrikhof mit dem Schwermetall versorgen zu können. Stellvertretend und zur Erinnerung für viele Werksanschlüsse im Nürnberger Raum steht die Anzeige links oben. – Zu welch ausgefallenen Ideen die Abhängigkeit von einem bestimmten Verkehrsmittel führt, zeigt die Doppelwaggon-Kippanlage der Städtischen Werke Nürnberg in Sandreuth. Offene Güterwagen konnten hier die Kohle über eine aufklappbare Stirnseite in die Auffangbunker entladen.

Die Nürnberg-Fürther Straßenbahn

Im Jahr 1881 zählte die Stadt Nürnberg 100 000 Einwohner; immer mehr Gebiete zwischen der Stadtmauer und den Vororten wurden bebaut. Doch nicht eine vorausschauende Stadtplanung, sondern das Engagement ehrgeiziger Industrieller sorgte für Verkehrsmittel, die erst die nötige Mobilität vor allem der Arbeiter garantierte. In Nürnberg scheiterte zunächst Theodor von Cramer-Klett 1864 mit dem Plan einer Pferdebahn, ehe der Bremer Kaufmann Heinrich Alfes nach zweijährigen Verhandlungen am 12. April 1881 die Konzession erhielt. Am 11. Juli wurde mit dem Bau begonnen, am 25. August 1881 der Linienbetrieb auf der Strecke Staatsbahnhof – Lorenzkirche – Plärrer – Gostenhofer Hauptstraße eröffnet. Kurz darauf folgten Strecken zum Maxfeld, parallel zur Ludwigseisenbahn nach Fürth, zur Bauerngasse, durch die Sebalder Altstadt, nach St. Jobst und zum Dutzendteich. 1883 ging die Bahn aus dem Privatbesitz von Alfes an eine Aktiengesellschaft über. 1888 folgten zweigleisiger Ausbau und Erweiterungen.

Die erste elektrische Straßenbahn der Welt fuhr 1881 in Berlin-Lichterfelde. 1891 erwog man erstmals auch in Nürnberg den Ersatz der Pferdebahn durch Elektrofahrzeuge. Nach langwierigen Verhandlungen kam 1895 die Genehmigung für den Bau einer Probestrecke. Der Vertragspartner AEG mußte die Streckenausrüstung nicht nur auf eigene Kosten erstellen, sondern sich auch zur Beseitigung der Anlagen verpflichten, falls keine endgültige Genehmigung erteilt werden sollte. Doch schon am 2. Mai 1896 war die feierliche Eröffnung auf der „weißen" Linie Maxfeld-Fürth. Der Probebetrieb verlief erfolgreich. Der Umbau der übrigen Strecken erfolgte bis 1898, neue Linien erhielten von Beginn an den Fahrdraht.

Die noch aus der Pferdebahnzeit stammenden leichten Schienen waren den schweren Triebwagen nicht gewachsen und mußten ebenso wie die elektrischen Anlagen erneuert werden – die Finanzkraft der privaten Gesellschaft war bald erschöpft, indessen nahm der Bedarf an neuen Linien stetig zu. Nach einem Rechtsstreit mit dem Unternehmen übernahm die Stadt Nürnberg 1903 Anlagen, Personal, Fahrzeuge und Betrieb der Nürnberg-Fürther Straßenbahn und erweiterte diesen entsprechend den siedlungspolitischen Erfordernissen. 1910 wurde gar noch eine Konzession für eine Linie nach Erlangen erteilt, doch bis zum Ausbruch des 1. Weltkrieges waren nur noch die Strecken zur Gustav-Adolf-Straße und nach Mögeldorf realisierbar. Binnen elf Jahren war die Gleislänge von 50 auf 127 Kilometer gewachsen, die Zahl der Wagen von 197 auf 454 gestiegen.

Erst ab 1926 wurde das Netz erstmals wieder erweitert, und 102 Triebwagen mit 95 Beiwagen neu beschafft. Auf der Trasse der 1922 stillgelegten Ludwigsbahn entstand eine drei- bis viergleisige Schnellstraßenbahnstrecke. Die damalige Schnellinie 31 erreichte eine der heutigen U-Bahn ebenbürtige Reisegeschwindigkeit. Zügig wurden auch die Anlagen modernisiert: Die elektrische Nutzbremse, die eine Energierückgewinnung beim Bremsen ermöglichte, wurde seit 1925 bei der Nürnberg-Fürther Straßenbahn entwickelt.

Während der Zeit des Nationalsozialismus war die Straßenbahn insbesondere für die Reichsparteitage unverzichtbar. 1936 entstand eine Hochbahnstrecke zum Parteitagsgelände, die 1938 durch ein Tunnelsystem, die erste „Unterpflaster-Straßenbahnstrecke“ in Deutschland, ersetzt wurde. Das Büro zur Entwicklung eines deutschen „Einheits-Straßenbahnwagens“ wurde aufgrund der technischen Kompetenz Nürnbergs hier angesiedelt. Die ersten Vorläufermodelle trafen 1940 ein.

Nach ersten Beschädigungen durch Luftangriffe 1942 blieb das Streckennetz bis Ende 1944 weitgehend intakt; beschädigte Strecken wurden rasch wieder aufgebaut. Nach dem Luftangriff vom 2. Januar 1945 war aber nur noch auf ganz wenigen Strecken ein Straßenbahnbetrieb bis zum 16. April 1945 möglich. Das Gleisnetz war an über 200 Stellen beschädigt, 95 Prozent der Fahrleitungen vernichtet, mehrere Betriebshöfe völlig zerstört. Die Hauptwerkstätte Muggenhof mit ihrem wertvollen Maschinen- und Werkzeugbestand war jedoch unversehrt, so daß die Wiederinbetriebnahme der vorhandenen 379 Wagen unter denkbar günstigen Voraussetzungen beginnen konnte. Schon am 11. Juni 1945 fuhren wieder Straßenbahnen vom Plärrer nach Muggenhof. 1948 waren alle Hauptstrecken wieder in Betrieb.

Der rasche Wiederaufbau schuf dennoch nicht genügend Kapazitäten. 1955 erprobte man den ersten Großraumwagen, und im gleichen Jahr nannte ein

„Generallinienplan“ zahlreiche geplante Neubaustrecken. Gleichzeitig aber galt die Straßenbahn mehr und mehr als Verkehrshindernis. Pläne für unterirdische Strecken wurden 1962 beschlossen, als neue Gelenkwagen die Leistungsfähigkeit der Straßenbahn unter Beweis stellten. Doch wertete man dies als halbherziges Vorgehen und beschloß 1965 den Bau einer klassischen Untergrundbahn. Die parallel erstrebte Umstellung des restlichen Netzes auf Omnibus stieß auf harten Widerstand bei der Bevölkerung, zuerst in der Gartenstadt. So wurde weiter modernisiert, doch die technische Weiterentwicklung des Systems Straßenbahn vollzog sich seitdem außerhalb Nürnbergs. Heute aber, im Zeichen wachsender Verkehrs- und Umweltprobleme, erlebt die Straßenbahn in Form der modernen „Stadtbahn“ oder „Stadt-Umland-Bahn“ weltweit eine Renaissance. Auch im Großraum Nürnberg findet dieses einst beliebte, dann lange geschmähte Verkehrsmittel neue Freunde.

Stefan Scherer

Die Karolinenstraße um 1885: Mittelalterliche Gebäude und Neubauten mit prächtigen Gründerzeit-Fassaden bildeten ein vielfältiges und dennoch geschlossenes Bild. In der Mitte lag schon ein Gleis: die erste Straßenbahn fuhr in Nürnberg am 25. August 1881 nachmittags um 15.30 Uhr vom Staatsbahnhof durch die Karolinenstraße zum Plärrer. Die Linie wurde bald zum Maxfeld und nach Fürth verlängert, zwischen 1888 und 1892 abschnittweise zweigleisig ausgebaut. „Roßbolln" fanden sich im Gleisbereich wie überall auf dem Pflaster: Schon zur Zeit des „Hafermotors" führte Verkehr zur Umweltverschmutzung – doch konnten diese „Abfallstoffe" wieder in den Naturkreislauf integriert werden.

Das Laufer Tor 1890: Hier trafen die Strecken aus der Laufer Gasse, der Sulzbacher Straße, der Bayreuther Straße und entlang des Stadtgrabens vom Staatsbahnhof zusammen. Ein Wagen der „grünen Linie", erkennbar an der runden Signalscheibe am Plattformdach, ist vom Schlachthof hier angekommen. Obwohl mit den leichteren Einspänner-Wagen betrieben, wurde diese Linie seit November 1889 wegen der zahlreichen Steigungen in der Sebalder Altstadt durchgehend mit zwei Pferden bespannt.

Feste Haltestellen gab es zu Beginn der Pferdebahnzeit noch nicht. Sie wurden aber bald eingeführt, um die Pferde zu schonen. Kunstvoll gestaltete Tafeln – hier am Hallertor 1890 – markierten ihren Platz. Auf- und Abspringen während der Fahrt war aber weiterhin erlaubt. Die zweite Nürnberger Straßenbahnlinie führte seit 13. November 1881 von der Bauerngasse über Gostenhofer Hauptstraße – Plärrer – Hallertor und durch die Sebalder Altstadt zum Laufer Tor. 1890 erhielt auch sie ein zweites Gleis und eine neue südliche Endstation am Schlachthof.

Am 23. Juni 1894 wurde die erste Straßenbahnverbindung in die Südstadt eröffnet. Honoratioren und festlich geschmückte Sommerwagen paradierten am Sterntor. Die „blaue Linie" fuhr bis dahin von der Neuen Kaserne in der Fürther Straße über Plärrer–Lorenzkirche zum Bahnhof. Nun führte ihr Weg weiter entlang des Frauentorgrabens, durch den Tafelhoftunnel, die Tafelfeld- und Wiesenstraße zum Aufseßplatz.

Am 2. Mai 1896 fuhr die erste elektrische Straßenbahn vom Maxfeld nach Fürth. Nach den guten Erfahrungen mit der neuen Technik wurden nach und nach alle Linien auf elektrischen Betrieb umgestellt. Die „blau-weiße" Linie (erkennbar an der rechteckigen Farbtafel am Wagendach) vom „Centralfriedhof" (heute: Westfriedhof) durch die Johannisstraße hierher zum Hallertor wurde am 14. Mai 1898 gleich als elektrische Linie eröffnet. Ihr Wagen Nr. 6 wurde 1896 von Herbrand in Cöln-Ehrenfeld geliefert, hatte noch rundum offene Plattformen und fuhr weiter zum „Centralbahnhof". Die rechte Hand zum Lösen der Handbremse, die linke an der Fahrkurbel – an diesen Handgriffen bei der Abfahrt hat sich für die Wagenführer ein halbes Jahrhundert lang nichts geändert.

In den Anfangsjahren des elektrischen Betriebes gab es natürlich auch Anlaufschwierigkeiten. Die leichten Pferdebahngleise wurden von den schweren Triebwagen zu sehr beansprucht und mußten durch eine stabilere Konstruktion ersetzt werden. Auch die Fahrleitungsanlagen mußten in den ersten Betriebsjahren noch optimiert werden. Hier sehen wir die Revisionsmannschaft mit einem Turmwagen bei der Arbeit um 1900 am Abzweig Hallertor.

Blick in die Bayreuther Straße, 1906 eine prächtige Allee, an der Einmündung der Pirkheimerstraße: Die 1899 von der Nürnberger Maschinenbau-Actiengesellschaft gelieferten vierachsigen Triebwagen 100-123 hatten verglaste Plattformen und eine Druckluftbremse. Die späteren Wagentypen erhielten fast ausnahmslos eine elektrische Kurzschlußbremse als Betriebsbremse. Nach der Übernahme des Straßenbahnbetriebes 1903 durch die Stadt wuchs das Streckennetz so stark, daß eine Nummerierung der Linien zweckmäßig erschien. Zwischen 1904 und 1906 erhielten alle Triebwagen auf dem Wagendach eine Laterne mit einer Vorsteck-Schablone für die Liniennummer. Aus der „weißen" Linie vom Stadtpark nach Fürth wurde die „Einser".

Der neue Südfriedhof im Jahre 1913. In der Katzwanger Straße wurde 1912/1913 die Linie 8 richtungsweisend auf besonderem Bahnkörper gebaut. Seitdem ist die Gartenstadt mit einer modernen Straßenbahn erschlossen. In den siebziger und achtziger Jahren wehrten sich die Bürger erfolgreich gegen den Ersatz der Straßenbahn durch Omnibusse.

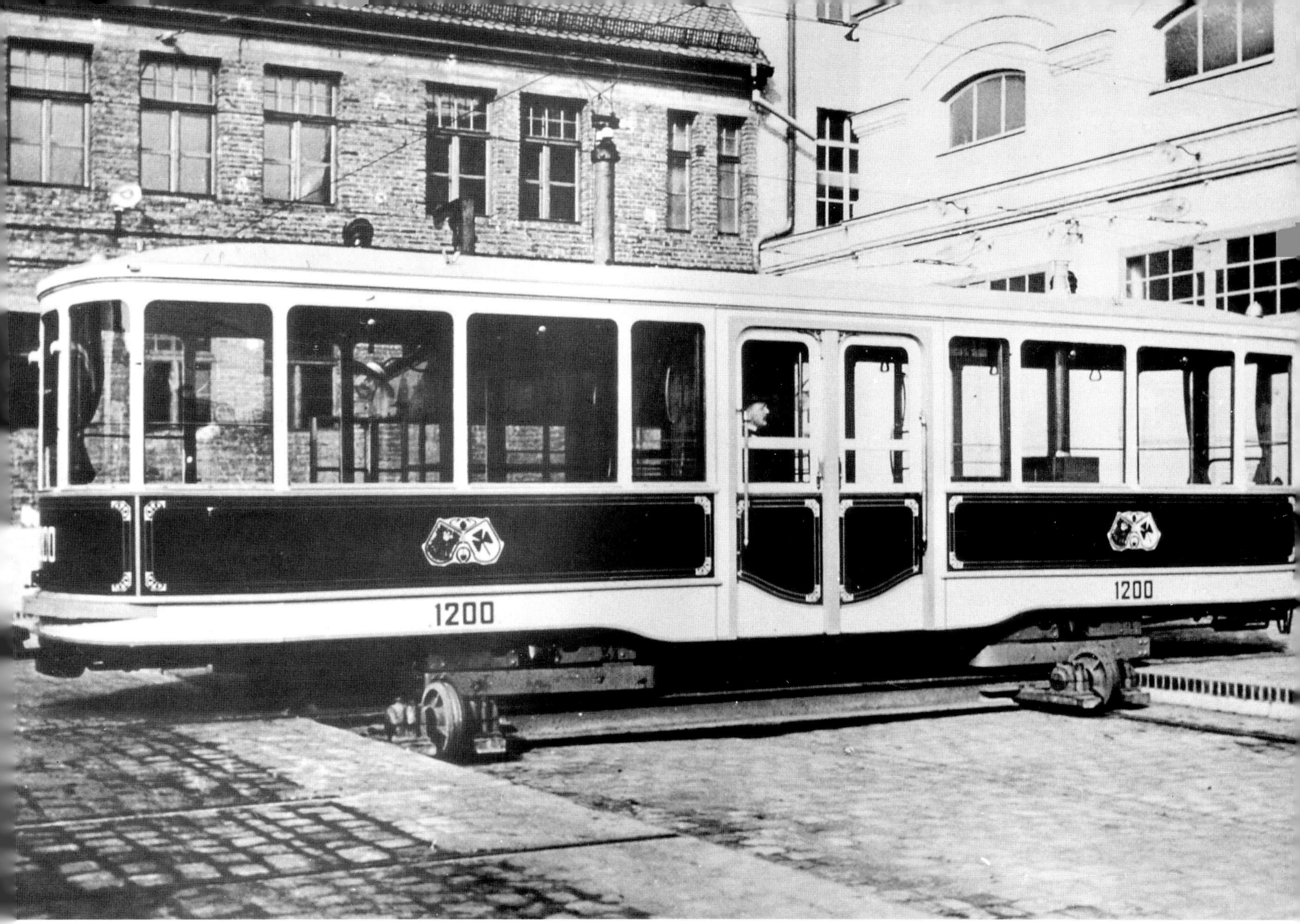

Seiner Zeit weit voraus war dieser elegante Niederflur-Beiwagen mit Mitteleinstieg, hier auf der Schiebebühne in der Hauptwerkstätte Muggenhof. Er wurde 1914 von MAN geliefert. Sein Lenkachs-Fahrwerk bewährte sich jedoch nicht. Ab 1930 war er zeitweise als Gepäckwagen im Einsatz.

Der Platz vor dem Laufer Tor im Jahr 1925, aus der Sulzbacher Straße gesehen: Ein Polizist mit Pickelhaube regelte den wachsenden Verkehr auf der Kreuzung. An einem sonnigen Tag hatte der Schaffner der Linie 4/14 die Rollos des Triebwagens 236 von 1906 herabgelassen. Der Wagen fuhr als Linie 14 vom Südfriedhof über Hauptbahnhof zum Maxfeld, von dort über Pirkheimerstraße– Kirchenweg zur Willstraße. Dort wurde er durch Drehen einer Klappe an der Linienschablone zur „4“ und fuhr über Plärrer– Lessingstraße– Christuskirche zur Allersberger Straße. Die Linie 3, von der sich hier zwei Züge kreuzten, hatte von Schweinau über Plärrer– Hallertor nach Erlenstegen einen einfacheren Linienweg.

Die alten Wagen aus der Zeit der Jahrhundertwende waren bis in die zwanziger Jahre ununterbrochen im Einsatz, wurden aber mehrfach umgebaut: 1904 erhielten sie einen festen Frontscheinwerfer und eine Dachlaterne für die Linienschablone, 1912/13 einen Lyrabügel anstelle der Stange mit „Rädla", Tastrechen und Fangkorb als Schutzvorrichtung, sowie anstelle der festen Zielschilder drehbare Fünfecktrommeln. Die Linie 3 kam seit 1919 an die 1909 eröffnete Endstation Erlenstegen (Bild), wo der Triebwagen noch um den Beiwagen herumrangierte. Ein Weichensteller unterstützte dabei die Zugmannschaft.

Ein Straßenbahnzug aus dem Jahr 1914 im vereinfachten Farbkleid der zwanziger Jahre am Wodanplatz: Von 1911 bis 1914 wurden 76 Triebwagen und 50 Beiwagen dieser Reihe beschafft, die über ein halbes Jahrhundert im Einsatz standen und deren Konstruktion die Nachfolger ein Vierteljahrhundert lang prägte. Die letzte Serie dieser 600er Trieb- und 1000er Beiwagen hatte bereits einen Doppeleinstieg an der hinteren Plattform, um den Fahrgastwechsel zu beschleunigen. Reklametafeln kamen in den zwanziger Jahren groß in Mode; die „Gebr. Manes" hatten alles für kleine und große Männer: Kleidung, Auto- und Sportausrüstung.

Der neue MAN-Turmwagen zur Oberleitungswartung von 1922 hatte noch Vollgummi-Bereifung; demgegenüber wirkte der elegante Triebwagen 636 von 1913 erheblich moderner. Die „Neuner" fuhr damals entlang der Allersberger Straße zum alten Tiergarten an der Bayernstraße. Im Hintergrund ragt der Leuchtturm am Dutzendteich über die Baumwipfel; und die alte Ausstellungshalle am südlichen Rand des Luitpoldhains ist ebenfalls zu erkennen.

Winterdienst um 1926: Schneepflug A 104 wurde als dreirädrige Ausführung 1926 gebaut, 1927/28 zum Vierrad-Pflug umgebaut. Mit dem kurzfristig als Schubwagen „ausgeliehenen" Triebwagen 757 der Linie 19 sorgte er für schneefreie Gleise.

Nachdem sich auch ihre wirtschaftlichen Verhältnisse stabilisiert hatten, beschaffte die Nürnberg-Fürther Straßenbahn in der zweiten Hälfte der zwanziger Jahre 102 Trieb- und 95 Beiwagen der Reihen 700/800 und 1100. Ihre Linien- und Zielbeschilderung war in die Frontfenster integriert. Die Triebwagen der letzten Serie trugen bereits Scherenstromabnehmer. Die neuesten Wagen waren immer zuerst auf den Linien nach Fürth eingesetzt, so auch dieser Zug mit Triebwagen 855 auf der Linie 1 nach Fürth/Billinganlage. Er wurde an der Nürnberger Endstation Luitpoldhain, dem damaligen Wodanplatz, abgelichtet.

Die 1929 eröffnete Strecke Frankenstraße–Bayernstraße–Stadion war die letzte große Neubaustrecke im Nürnberger Straßenbahnnetz. Sie war ab Bayernstraße vollständig auf unabhängigem Bahnkörper trassiert und erstmals mit einer Hochketten-Fahrleitung in Eisenbahnmanier für hohe Geschwindigkeiten ausgelegt. Bedient wurde sie von der Linie 18, die in einer Schleife um das Opernhaus (damals „Stadttheater") begann und über Christuskirche–Gugelstraße die neue Strecke erreichte. Entlang der damaligen Allersberger Straße erprobte die MAN 1931 mit dem Obus eine Nahverkehrstechnik, die vor allem in der Nachkriegszeit eine rasche Verbreitung fand.

Triebwagen 842 stand erst kurze Zeit in Dienst, als er am 6. Mai 1929 eine spektakuläre Entgleisung erlebte: Bei der Talfahrt vom Tiergärtnertor zum Neutor sprang er an der Kurve vor der Johannisstraße aus den Schienen und fuhr quer über die Straße. Erst die Stufen zum Eingang des gegenüberliegenden Hauses brachten den Zug zum Stehen.

Der Plärrer mit der malerischen Wartehalle aus der Jahrhundertwende war dem wachsenden Straßenbahnverkehr der zwanziger Jahre bald nicht mehr gewachsen. 1929, als dieses Bild vor seinem Umbau entstand, überquerten 12 Straßenbahnlinien den Platz. Wir sehen eine „13", gerade von Schweinau aus der Gostenhofer Hauptstraße kommend; davor kreuzt eine „1" oder „21" mit zwei Beiwagen von der Innenstadt nach Fürth. Im Vordergrund steht eine Linie 3 von Erlenstegen nach Schweinau, hinter der Wartehalle die Gepäcklinie von Fürth. Rechts ist eine „Zweier" zur Gustav-Adolf-Straße abfahrbereit.

Die Trasse der ersten deutschen Eisenbahn von Nürnberg nach Fürth verlief entlang der Fürther Straße. Sie war vollständig eingezäunt; an der Spohrstraße führte eine Fußgängerbrücke über die Gleise zur nördlich parallel fahrenden Straßenbahn, die mit immer schnelleren und größeren Wagen eine starke Konkurrenz wurde. Wagen 630 auf Linie 1 war bei dieser Aufnahme 1913 nagelneu. 1922 mußte die Ludwigsbahn ihren Betrieb einstellen. Die Nürnberg-Fürther Straßenbahn war von Anfang an ein ernstzunehmender und schließlich die Nachfrage besser befriedigender Konkurrent für Deutschlands Ur-Eisenbahn ohne Streckennetz.

Am Tag nach Einstellung des Betriebs auf der Ludwigsbahn richtete die Nürnberg-Fürther Straßenbahn einen Gepäckwagenverkehr zwischen Plärrer und Fürth ein. 1924 wurde dieser Gepäckbeiwagen A 60 in Dienst gestellt, seine Vorgänger waren ältere umgebaute Wagen. Die Gepäcklinie (zuerst Linie „D", seit 1927 „G") hielt entsprechend der alten Ludwigsbahnstationen unterwegs nur an der Maximilianstraße, in Muggenhof und an der Fürther Jakobinenstraße, bis sie 1938 eingestellt wurde. Während des zweiten Weltkrieges lebte sie allerdings wieder auf.

Die Fürther Straße an der Maximilianstraße 1938 mit der Straßenbahn-Direktions-„Villa“: Nach Beseitigung der Betriebsanlagen der Ludwigsbahn entstand auf dem Mittelstreifen der Fürther Straße eine begrünte drei- bis viergleisige Straßenbahntrasse, die seit 1927 einen sehr modernen Betriebsablauf ermöglichte: Auf den äußeren Gleisen verkehrten die überall haltenden Linien 1, 11 und 21, ab 1938 auch 41, während auf dem inneren Gleispaar die Schnellstraßenbahnlinie 31 fuhr, erkennbar an der roten Liniennummer auf weißem Grund. Die „rote 31“ hielt nur an der Fürther Jakobinenstraße, in Muggenhof und an der Maximilianstraße (im Bild mit Linie 11) und überholte dort jeweils eine der anderen Linien. Ihre Reisegeschwindigkeit von 29,9 km/h entsprach dem heutigen U-Bahn-Niveau. Mit Beginn des zweiten Weltkrieges wurde sie eingestellt.

In den dreißiger Jahren wurden zahlreiche technische Neuerungen eingeführt: Die meisten Triebwagen erhielten Scherenstromabnehmer der in Nürnberg heute noch gebräuchlichen Form. Der Einbau der Nutzbremse mit Stromrückgewinnung verbesserte die Wirtschaftlichkeit und die Fahreigenschaften. So auch beim Wagen 756, hier auf der „Zweier" in der Rothenburger Straße an der Haltestelle Rochusfriedhof.

Als im Zuge des Reichsautobahnbaues die Regensburger Straße zum Autobahnzubringer ausgebaut wurde, erhielt die seit 1882 bestehende Straßenbahn zum Dutzendteich 1938 eine neue separate Trasse. Ein Zug der Linie 2 kam soeben an der Haltestelle Immelmannstraße an. Anstelle der heutigen stadtauswärtigen Fahrbahn lag vor den Gebäuden der „Fliegersiedlung“ noch ein Grünstreifen.

Uhrenhäuschen und Nassauerhaus stehen heute noch bzw. wieder am Platz vor der Lorenzkirche. Die übrigen Gebäude, wie das „Leykauf-Eck“ hinter der „Einser“, hatten 1936 keine zehn Jahre mehr vor sich. Um die Fußgängerströme zu kanalisieren, waren die Gehwege bereits mit Geländern versehen. Triebwagen 753 auf der Linie 2 war soeben von rechts aus der Lorenzer Straße eingebogen und fuhr in Richtung Gustav-Adolf-Straße. Im Hintergrund nahm ein „600er“ Triebwagen der Linie 13 gerade Fahrgäste auf.

Die Rolle Nürnbergs während der Zeit des Nationalsozialismus als Stadt der Reichsparteitage ist im vorhergehenden Band 5 dieser Reihe ausführlich dargestellt worden. Die Straßenbahn hatte als Massenverkehrsmittel die Hauptaufgabe, den Transport der Teilnehmer zu den Veranstaltungen sicherzustellen. Ihre Betriebsanlagen und ihr Wagenpark wurden entsprechend erweitert, doch wurde auch sie ein Opfer der Umgestaltungswünsche Hitlers: Das Straßenbahndepot Luitpoldhain, 1909 errichtet und 1925 modernisiert, mußte 1935 gesprengt werden. Es war dem Ausbau des Parteitagsgeländes im Wege. Die Gleisanlagen der Zufahrt in der heutigen Schultheißallee blieben aber noch als Aufstellgleise für Sonderwagen erhalten.

Während der Reichsparteitage war alles rollfähige Material unterwegs: Die 1909 gebauten Triebwagen der Reihe 141-150 („Zeppelinwagen") waren sonst bereits abgestellt. Uniformen von NSDAP-Organisationen und Wehrmacht prägten das Bild; nur wenige Zivilisten waren erkennbar (Bild oben). Obwohl mehrere Zufahrtsstrecken zum Parteitagsgelände bestanden, kam es immer wieder zu Betriebsunterbrechungen durch Marschkolonnen. Deshalb entstand 1936 eine Hochbahnstrecke (Bild unten), die von der Frankenstraße abzweigte, auf dieser Brücke die Allersberger Straße überquerte – hier mit einem Zug der Linie E 18 – und nördlich des Flachweihers auf die alte Stadionstrecke traf.

Im Zuge des weiteren Ausbaues des Parteitagsgeländes wurden Hochbahnstrecke und bisherige Stadionlinie wieder abgebrochen. Stattdessen wurde eine Tunnelstrecke mit zwei Ästen von Frankenstraße und Allersberger Straße ausgebaut und südlich der Bayernstraße die Stadionlinie auf völlig neuer Trasse, ebenfalls mit Tunnelanschluß, in Betrieb genommen. Diese umfangreichen Betriebsanlagen ließen die Nürnberg-Fürther Straßenbahn am 12. September 1938 den Fahrgastrekord von einer Million Fahrgästen an einem einzigen Betriebstag erreichen! Das Bild zeigt den Triebwagen 882 auf einer Probefahrt im Tunnel zur Frankenstraße.

Außerhalb der Strecken zum Parteitagsgelände wurden in den dreißiger Jahren nur noch 1938 Neubauten zum neuen Tiergarten am Schmausenbuck und entlang des Südfriedhofs vom Haupteingang bis zur Worzeldorfer Straße durchgeführt. Der seit 1934 übliche Sonntagstarif (15 statt 20 Pfennig) verbilligte die Benützung der Straßenbahn zur Naherholung. Hier kam gerade ein Zug der Linie 14 am Südfriedhof/Haupteingang an. Zahlreiche Fahrgäste sind zur Wanderung in Richtung Ludwigskanal, Königshof und Steinbrüchlein ausgestiegen.

Die eleganten Triebwagen der Reihe 900 sollten zum Vorbild für einen geplanten deutschen Einheits-Straßenbahnwagen werden, dessen Entwicklungsbüro in Nürnberg eingerichtet wurde. Als die Wagen 1940 ausgeliefert und auf Line 21 (hier am Königstorgraben vor dem Grand-Hotel) unterwegs waren, hatte der zweite Weltkrieg schon begonnen. Elektrische Türen, Polstersitze, Scheibenheizung für den Führerstand und viele technische Neuerungen verfehlten damals nicht ihre Wirkung auf Fahrgäste und Fachwelt. Mit diesen Wagen wurde von der bisherigen Farbgebung „olivgrün-elfenbein" auf das reichseinheitlich vorgeschriebene Elfenbein gewechselt. Nur die Farbe der Zierlinie durften sich die Städte noch aussuchen: Nürnberg blieb beim gewohnten Grün.

Zunehmender Reifen- und Treibstoffmangel führte während des zweiten Weltkrieges zur Verlagerung von allerlei Transporten auf die Straßenbahn: Seit 12. August 1944 wurden von einer Großküche in der Äußeren Bayreuther Straße Essenbehälter zu verschiedenen Werkskantinen zahlreicher Betriebe mittels Straßenbahn gebracht. Die „Essenzüge“ wurden hier in der Abstellanlage neben dem Linde-Stadion von Zubringerfahrzeugen aus beladen.

Am 16. April 1943 übernahm die Straßenbahn zwischen Plärrer und Fürth/Rathaus für die Grüner-Bräu AG die Beförderung von Bier sowohl in Fässern als auch in Flaschen sowie Futtersäcken für die Brauereipferde. Die Gaststätte „Plärrer" neben dem Ludwigsbahnhof war zum Zeitpunkt der Aufnahme im Herbst 1944 bereits durch einen Luftangriff zerstört.

Wie schon 1914 bis 1918, so wurden auch 1939 nach Kriegsausbruch Frauen als Ersatz für die eingezogenen Straßenbahner eingestellt. Zunächst waren sie nur als Schaffnerinnen tätig, anfangs nur auf den Beiwagen, seit 1940 auch auf Triebwagen. Ab November 1944 wurden auch Wagenführerinnen eingesetzt. Von 1941/42 an waren auch Mädchen und Jungen als „Arbeitsmaiden" bzw. „HJ-Schaffner" unterwegs. Wohl jede Nürnberger Familie hat seitdem einen Verwandten mit „Straßenbahnvergangenheit". Diese beiden Kolleginnen vom Betriebshof Schweinau trugen den bereits seit 1934 üblichen Galoppwechsler mit Charme in ernster Zeit – würde der Ehemann und Familienvater den Fronteinsatz überleben?

Auch zu Hause wurde es gefährlich: Immer häufigere Luftangriffe zerstörten Menschenleben, aber auch Betriebsanlagen und Gebäude. Beim Luftangriff am 3. Oktober 1944 kamen am Plärrer 60 Passanten und Fahrgäste um. Ein Straßenbahnzug wurde durch die Detonationswelle von den Fahrgestellen abgehoben und umgeworfen.

Auf die Zerstörung folgte der Wiederaufbau. Seit Juni 1947 fuhr die Straßenbahn wieder durch die Ruinen der Lorenzer Altstadt. Überall sah man Hinweise in englischer Sprache für die Angehörigen der Besatzungsmacht, die hier und da nicht parken, Straßenbahnen rechts und nur während der Fahrt überholen sollten. Die Fahrgäste standen am Königstor Schlange vor dem Triebwagen 855 der Linie 3, der den Krieg einigermaßen heil überstanden hatte: Alle Wagenfenster hatten Glasscheiben, nirgends mußte mit Pappe ausgeholfen werden. Nur das Fahrziel-Rollband war defekt, so zeigte ein Steckschild im Stirnfenster die Endstation an.

Triebwagen 867 wurde 1950 auf einem erhalten gebliebenen Fahrgestell neu aufgebaut und war am 24. Juli 1953 als Linie 8 am Bahnhofsplatz im Einsatz. Das „aki“ warb bereits mit Leuchtreklame, während daneben das einstige Hotel „Württemberger Hof“ noch eine reine Trümmerwüste war. Sie wich später einem Büro- und Geschäftshaus, an der Ecke Celtis-Tunnel/Eilgutstraße um ein Hochhaus ergänzt, in dem die Verwaltung der Firma Diehl ihren Sitz hat.

Ein endloser Strom von Fußgängern überquerte den Bahnhofsplatz, der im Juni 1952 noch eine Grünanlage und blühende Bäume zeigte. Der Neubau des Hauptpostgebäudes war wiederhergestellt, das Dach der Bahnhofs-Osthalle aber noch zerstört. Die Straßenbahnzüge waren vollbesetzt; an der Haltestelle am Frauentorturm boten die zahlreichen Kioske Zeitungen, Tabakwaren und Erfrischungen an.

Die Karolinenstraße 1952, von der Lorenzkirche aus betrachtet: Die Gehwege verrieten noch den früheren Gebäudevorsprung des „Leykauf-Ecks“, während die Straßenbahngleise bereits in gestrecktem Bogen verlegt waren. Der Autoverkehr war schon stärker geworden und Parkplätze wurden allmählich knapp. Von allen Gebäuden war inzwischen mindestens das Erdgeschoß wieder intakt und diente vielen Geschäftsleuten als erster Verkaufsraum bei ihrem Neubeginn.

Die Rosette der Lorenzkirche war 1952 noch leicht beschädigt, als dieses Bild aufgenommen wurde. Volkswagen mit Brezelfenster und die Straßenbahn, hier eine „Einser" beim Einbiegen in die Karolinenstraße, Radfahrer, Fußgänger und ein Lkw-Dreirad mit Fässern beherrschten damals die Szene.

Eine der heute belebtesten Straßenkreuzungen war 1952 noch eine ländliche Idylle: An der Peterskirche trafen Regensburger-, Hain- und Harsdörfferstraße zusammen. Die Gaststätte „Merkur“ hatte noch einen prächtigen Biergarten mit einer großen Kastanie und wurde von der Humbser-Brauerei mit Pferdefuhrwerken beliefert. Die „Zweier“ hatte gerade die Haltestelle „Peterskirche“ verlassen und war unterwegs zum Dutzendteich.

Eine andere, heute unter der Autoflut erstickende Kreuzung, zeigte sich 1956 ebenfalls noch als relativ ruhige Gegend: Anläßlich des Sudetendeutschen Tages war eine Sonderlinie „M“ im Einsatz, die aus der Marienstraße in den Marientunnel einbog. Um an dieser Kreuzung eine Ampelregelung einführen zu können, wurde die Strecke durch die Marienstraße ab 1958 nicht mehr planmäßig befahren und 1961 schließlich stillgelegt.

Anfang der fünfziger Jahre wurde der Plärrer großstädtisch umgebaut und eine durchgehende Achse zur Fürther Straße geschaffen, die zehn Jahre später in Richtung Frauentorgraben erweitert wurde. Die Gleisanlagen wurden deshalb ständig umgebaut. Die Linie 1 nach Fürth war bereits auf neuer Trasse unterwegs. Ebenso kam die Linie 3 (rechts) aus der Rothenburger Straße schon über den neuen Gleis-Knick, dem der alte Ludwigsbahnhof hatte weichen müssen. Rechts vorn stand bereits der Baukran für das neue Plärrer-Hochhaus.

1954: Das erste Hochhaus Nordbayerns war fertig. Ein Schutzmann auf der Kanzel regelte den Verkehr, dahinter ein abfahrbereiter Zug der Linie 15. Die „Fünfzehner" verlief als Dreiviertel-Ring rund um die Altstadt und war von 1929 bis 1976 für Generationen eine beliebte Verbindung. Noch dominiert die Straßenbahn …

Im Zuge der Bucher Straße rangierte die „Fünfzehner" 1952 an der damaligen Endstation Gärtnerstraße. Die Schienen im Vordergrund wurden noch nicht benützt. Seit 1953 führten sie weiter bis zur heutigen Kreuzung mit dem Nordring.

Das Straßenbahndepot am Westfriedhof in Johannis im Dezember 1954: Zuhause waren hier neben der „Sechser" unter anderem auch die Linien 14 und 25. Triebwagen 630 war soeben ausgerückt, um am Plärrer auf den eigentlichen Linienweg der „25er" einzusetzen, der von Gibitzenhof über Plärrer zur Bucher Straße führte. 1961 verschwand diese Linie wieder. Das Depot St. Johannis konnte von den neuen Großraumwagen nicht benutzt werden. Es wurde 1963 geschlossen und 1964 abgebrochen.

Wo Kirchenweg und Bucher Straße zusammentreffen, befand sich 1952 noch die Platnersanlage. Üppige Baumkronen überdeckten die Bucher Straße, die sich zu einer Hauptausfallstraße entwickelte. Eine „Vierzehner" war soeben in Richtung Krankenhaus–Willstraße–Schweinau abgefahren.

1954 wurde die Platnersanlage geteilt und eine großzügige Durchfahrt von der Archivstraße zum Kirchenweg geschaffen, in die auch die Straßenbahngleise verlegt wurden. Die „Vierzehner" fuhr am 24. Juli 1959 noch mit zwei Beiwagen und war vollbesetzt, aber der Individualverkehr hatte sichtbar zugenommen.

Verkehrsplanern war die Straßenbahn in der Zeit, da die „autogerechte Stadt" allgemeine Vision war, ein Dorn im Auge. Nach den Gleisanlagen am Hallplatz, in der Seuffertstraße und in der Marienstraße waren jene in der Sebalder Altstadtstrecke an der Reihe. Obwohl die Verbindung Rathaus–Hallertor fast völlig wiederaufgebaut war, wurde der östliche Abschnitt Rathaus–Rathenauplatz in einer Blitzaktion stillgelegt. Die neue Gleisanlage an der Durchfahrt beim Laufer Schlagturm wurde nur kurze Zeit benützt: als Verkehrshindernis wurde die Linie 16 am 15. Oktober 1961 abgeschafft. Eine Omnibuslinie ist seitdem Ersatz. Eine Wiedereinführung der Straßenbahn in eine verkehrsberuhigte Altstadt ist seit 1988 in der öffentlichen Diskussion.

Für eine Straßenbahnstrecke zum Stadion bestand in der Nachkriegszeit kein Bedarf. Die Linie entlang der früheren Allersberger Straße wurde deshalb nur bis zur Eisenbahner-Siedlung an der Bauernfeindstraße wiederaufgebaut. Das Bild zeigt die Endstation 1952 mit einem Zug der Linie 1 und einem Omnibus der Linie 98 in Richtung Harnischschlag– Worzeldorfer Straße. Links davon schloß sich freies Feld an, auf dem u. a. die große Neubausiedlung Neuselsbrunn und das Messezentrum entstanden sind.

Zwölf Jahre später war 1964 dieselbe Baustelle an der Bauernfeindstraße (aus der fast entgegengesetzten Blickrichtung) nicht wiederzuerkennen, nur die Fahrleitungsmasten der Straßenbahn waren geblieben: Die ersten Hochhäuser standen bereits, die Straßenbahn hatte eine Gleisschleife und moderne Gelenkwagen erhalten. Als das Bild entstand, lag die Schleife bereits „auf Abbruch“, denn sie sollte durch eine neue Endstation im Einschnitt südlich der Bauernfeindstraße ersetzt und nach Südosten verlängert werden. Doch es kam anders: 1965 beschloß der Stadtrat, die Linie 1 durch eine echte Untergrundbahn zu ersetzen. Seit 1978 ist deshalb die Straßenbahn an dieser Stelle Erinnerung, doch in anderen Bereichen der Stadt ist sie Gegenwart und hat Zukunft.

Der Kraftwagenpark der Straßenbahn

Vor nahezu siebzig Jahren, am 15. Januar 1923, wurde die erste städtische Kraftwagenlinie in Nürnberg in Betrieb genommen. Für diese Linie, die von Schweinau über Eibach und Reichelsdorf nach Mühlhof führte, wurden sieben Motor- und zwei Beiwagen beschafft. Drei Fahrzeuge wurden jedoch bereits vor der Inbetriebnahme als überzählig an die Deutsche Reichspost weiterverkauft.

Schon ein Jahr später kamen zwei weitere Linien hinzu, die Buch und Zirndorf mit dem Stadtgebiet verbanden. Ebenfalls im Jahre 1924 ging die erste innerstädtische Kraftwagenlinie auf der Strecke Hauptbahnhof-Maxfeldstraße (Nord-Süd-Linie) in Betrieb. Der Kraftwagenbetrieb wurde anfangs mit vollgummi-, seit 1924 auch mit luftbereiften Hochrahmenfahrzeugen abgewickelt. Im Jahre 1925 kamen die ersten Fahrzeuge in Niederrahmenausführung zum Einsatz. Ein- und Aussteigen wurde für die Fahrgäste bei diesen Omnibussen wesentlich erleichtert.

Die Eröffnung weiterer Linien ließ den Kraftwagenbestand durch mehrere Teillieferungen bis 1929 erheblich anwachsen. Von 1936 bis 1941 wurden insgesamt 61 Fahrzeuge in geschweißter Ganzstahlausführung mit Schiebetüren in Dienst gestellt. Bis Kriegsende 1945 waren durch die Abgabe von Fahrzeugen an die Wehrmacht, durch Verluste bei den Luftangriffen sowie durch Kampfhandlungen und Verschleppung 56 Motor- und Beiwagen als Verlust abzuschreiben.

Erst 1950 waren die ersten Neuanschaffungen in größerem Umfange möglich. Zwischen 1950 und 1955 beschaffte die Nürnberg-Fürther Straßenbahn schließlich dreitürige Wagen mit Haubenmotor. Für den Vorort- und Überlandverkehr kamen zwischen 1951 und 1957 33 Wagen in Frontlenkerbauart mit Heckmotor, zum Teil in selbsttragender Bauweise, zum Einsatz. Bis 1962 folgten insgesamt sechs Fahrzeuge mit Unterflurmotor in dreitüriger Ausführung sowie 73 zweitürige Wagen mit Heckmotor und 22 Gelenkomnibusse.

Von den allerersten Omnibussen im Jahr 1923 bis hin zu den ersten Gelenkomnibussen Anfang der sechziger Jahre spannt sich ein weiter Bogen. Sowohl die

Fahrzeugtechnik wie auch das äußere Erscheinungsbild der Linienomnibusse erfuhren nachhaltige Impulse. Am augenfälligsten ist das für den Laien wohl am Aussehen, das sich von der „viereckigen Kiste“ auf einem Lastwagen-Untergestell zum eigenständigen Fahrzeug mit „gestylter“ Karosserie und benutzerfreundlicher Innenausstattung gewandelt hat. Die nachfolgenden Seiten sollten die Erinnerung all derjenigen wecken, die die abgebildeten Wagen einst selbst benutzt haben. Dem jüngeren Betrachter mögen die Bilder einen Überblick über die Fahrzeuggeschichte des Verkehrsmittels Omnibus geben.

Claus Schubert

Die Idee, Nürnberg und Erlangen durch eine Straßenbahnlinie miteinander zu verbinden, ist fast schon ein Jahrhundert alt. 1894 erstmals erwogen, wurde das Projekt aber nie verwirklicht, weil die Konzession dafür erst kurz vor Ausbruch des ersten Weltkrieges eintraf. Wirtschaftliche und politische Lage nach Kriegsende machten die Straßenbahnpläne endgültig zur Utopie. Dafür kam ein anderes Verkehrsmittel unter einem anderen Konzessionär zum Zug: Am 1. Juli 1912 eröffnete die Königlich Bayerische Kraftpost eine Buslinie vom Bahnhofsplatz über Kraftshof (Bild) nach Erlangen. Der Daimler-Kraftwagen hatte noch Vollgummi-Bereifung und offenes Führerhaus.

Die ersten bei der Nürnberg-Fürther Straßenbahn auf der Linie Schweinau–Mühlhof im Jahre 1923 eingesetzten Omnibusse waren aus dem Lastkraftwagenbau der Maschinenfabrik Augsburg-Nürnberg – MAN – hervorgegangen, wobei man auf gebräuchliche Lastwagenfahrgestelle (Hochrahmenfahrgestelle) lediglich Aufbauten für die Personenbeförderung setzte. Die Aufnahme aus der Frühzeit des Nürnberger Stadtverkehrs zeigt einen MAN-Omnibus der Bauart 3 T C („C" steht für Cardan-Antrieb) mit einem 4-Zylinder-Otto-Motor und einer Leistung von 37–40 PS. Den Aufbau lieferte die Fahrzeugfabrik Johann Estelmann & Co., Nürnberg.

In den Jahren 1925–27 wurden die ersten Omnibusse der Niederrahmenbauart MAN/NOB (Wg.-Nr. 15-52) an die Nürnberg-Fürther Straßenbahn ausgeliefert. Ihre Aufbauten waren im Gegensatz zu den ersten Nürnberger Omnibussen ebenfalls im MAN-Werk an der Frankenstraße hergestellt worden. Im Bild: Abgestellte Kraftomnibusse der Bauart MAN/NOB vor dem Straßenbahn-Nebenwerk Schweinau in der früheren Maiachstraße (heute Ambergerstraße) im Jahre 1925. Bei den Fahrzeugen ganz hinten handelt es sich um zwei Omnibusse der Vorgängerbauart MAN/3 T C.

Etwas mehr als drei Jahre nach Eröffnung der ersten Omnibuslinie der Nürnberg-Fürther Straßenbahn am 15. Januar 1923 von Schweinau nach Mühlhof fand am 4. Mai 1926 die feierliche Einweihung und Inbetriebnahme der Kraftwagenwerkstätte in Schweinau statt. Bis zu jenem Tage wurden die Fahrzeuge außerhalb der Betriebszeiten in der südlichen Halle des Straßenbahn-Nebenwerks Schweinau abgestellt und gewartet. Im Bild: Die im „Art-Deco-Stil" errichtete Kraftwagenwerkstätte an der damaligen Maiachstraße/Nopitschstraße (heute Ambergerstraße 39) hatte eine 440 m² große Montagehalle, an die sich südlich fünf Abstellhallen anschlossen. Die Montagehalle wurde bei dem Tagesluftangriff am 3. Oktober 1944 völlig, die Abstellhallen teilweise zerstört.

Die Anlage einer durchgehenden Nord-Süd-Straßenbahnverbindung durch die Altstadt stieß auf unüberwindliche Schwierigkeiten. Die am 4. Mai 1925 als Ersatz eingerichtete „Nord-Süd-Omnibuslinie" über den Hauptmarkt, hier am Schönen Brunnen, mußte wegen der starken Nachfrage in immer dichterem Takt verkehren, schließlich alle zweieinhalb Minuten.

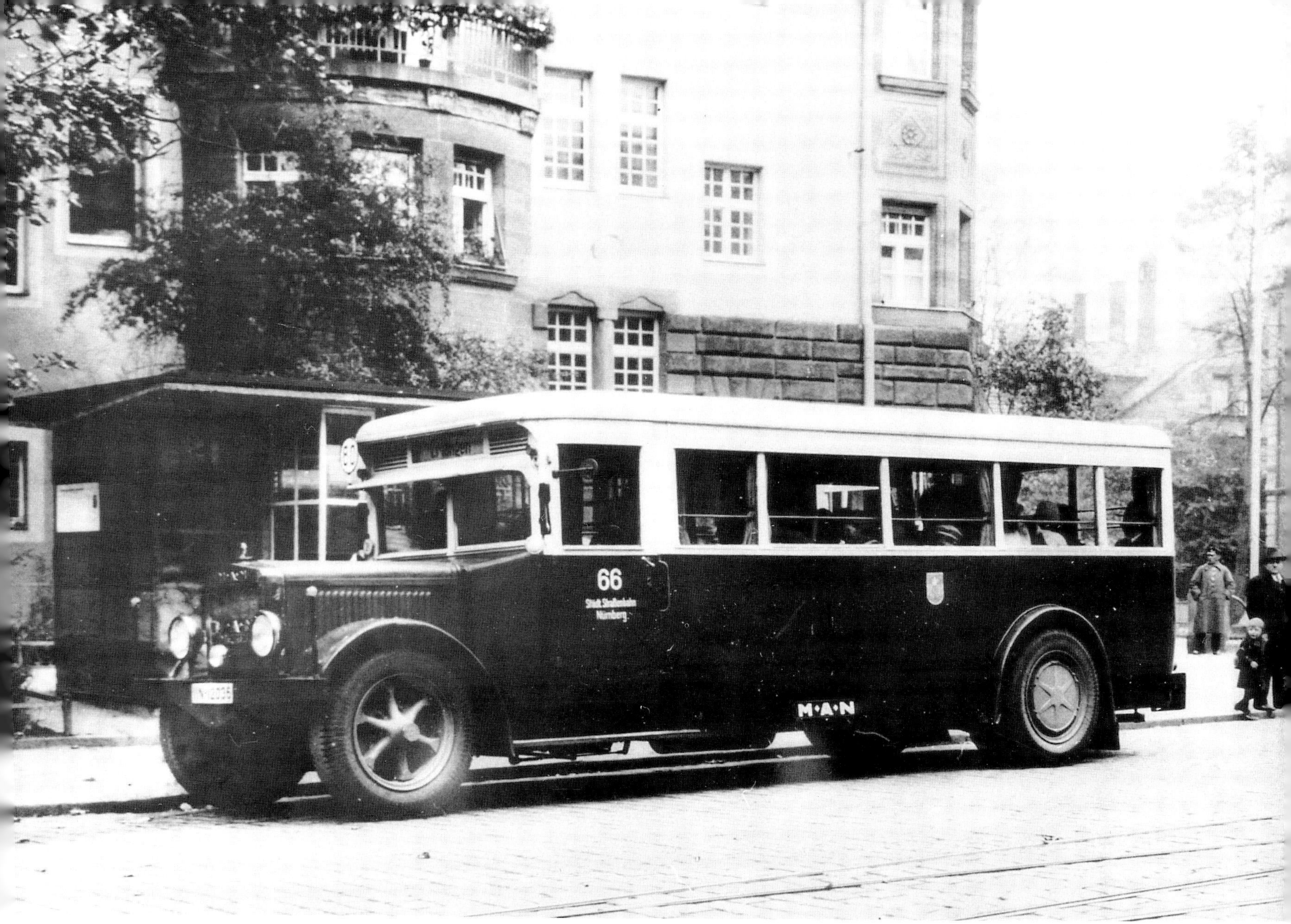

Die Kraftpostlinie nach Erlangen wurde am 23. November 1925 von einer Linie der Nürnberg-Fürther Straßenbahn abgelöst. Sie begann hier an der Jagdstraße, wo Anschluß an mehrere Straßenbahnlinien bestand. Der MAN-Niederrahmenomnibus vom Typ NON-4 von 1929 trug die seit 1928 verwendete Liniennummer 80. Sein anfangs eingebauter Benzinmotor wurde bei einer allgemeinen Umrüstung nach 1934 gegen einen Dieselmotor getauscht.

Ein Blick in die Kraftwagen-Werkstätte Schweinau während der nächtlichen Betriebspause: Links stand ein Zug mit einem MAN-Omnibus Typ MP der Linie 88, die 1937/38 und 1939 während der Bauzeit der Unterpflaster-Straßenbahnstrecke an der Bayernstraße die dortigen Linien ersetzte, rechts ein MAN-F2N der Linie 71 von Schweinau nach Mühlhof.

Die Karosserieherstellung für die in den Jahren 1938–41 an die Nürnberg-Fürther Straßenbahn ausgelieferten MAN-Omnibusse der Type MP konnte ab der Wagen-Nr. 520 infolge kriegswichtiger Aufträge nicht mehr bei dem Aufbauhersteller, der Karosseriefabrik Nikolaus Trutz in Coburg, erfolgen. Der von dieser Firma entwickelte Omnibusaufbau für diese Serie wurde deshalb im Zuge einer Auftragsumverteilung von der Wagen- und Karosseriefabrik Karl Kässbohrer in Ulm gefertigt. Die im Jahre 1941 von Ulm nach Nürnberg überführten 13 Omnibusse durften wegen Treibstoffrationierung bereits nur mehr 40 km/h Höchstgeschwindigkeit fahren (siehe Schild vor der rechten Vordertüre). Im Bild: Wagen-Nr. 520 bei der Auslieferung.

Die Omnibusse der Baureihe MAN/MP gehörten mit einer Stückzahl von 39 Exemplaren (Wagen-Nr. 495-533) zu der größten Lieferung einer Omnibus-Type seit Einführung des Kraftwagenverkehrs bei der Nürnberg-Fürther Straßenbahn. Es war gleichzeitig die letzte Auslieferung (geliefert von 1938–1941) von Neufahrzeugen bis zum Ende des zweiten Weltkriegs. Auf dem MAN-Fahrgestell mit dem 120 PS starken Dieselmotor (Type D 2040) ruhte der in geschweißter Ganzstahlausführung hergestellte Wagenkasten. Eine gediegene Innenausstattung mit Sperrholzfurnierverkleidung und grüngepolsterter Echt-Leder-Bestuhlung dokumentierten den überaus fortschrittlichen Omnibusbau der damaligen Zeit. Im Bild: Innenansicht des Linienomnibusses mit der Wagen-Nr. 520 nach der Auslieferung im Jahre 1941.

Nach der Zerstörung der Kraftwagenwerkstätte in Schweinau bei dem Luftangriff am 3. Oktober 1944 war es aufgrund des nachkriegsbedingten Mangels erst 1948 möglich, die seitdem im Freien durchgeführten Reparatur- und Wartungsarbeiten an den Omnibussen, wieder in das neuaufgebaute Werkstattgebäude zu verlegen. Im Bild: Vor der im funktionalen Nachkriegsbaustil errichteten Werkstatthalle warten verschiedene Omnibusse auf den nächsten Betriebseinsatz (v. l. n. r. MAN/MP von 1938/41, MAN/MKH 2 von 1952/53, MAN/MP-Wiederaufbauwagen von 1953 und MAN/MKH 1 von 1951/52). Die Aufnahme entstand Ende der fünfziger Jahre.

Von der Einführung des „gleislosen elektrischen Betriebes“, wie der Oberleitungsbus (Obus) ursprünglich genannt wurde, war schon im Jahre 1921 bei der Erörterung der geplanten Nord-Süd-Verbindung durch die Nürnberger Altstadt gesprochen worden. Aber erst im Jahre 1946 faßte der Stadtrat den Beschluß, die Kraftwagenlinie 73 als erste auf Obus-Betrieb umzustellen. Am 15. November 1948 fand schließlich die Inbetriebnahme des Oberleitungsbusses auf der Strecke Schweinau – Mühlhof statt. 1949 folgte die Strecke nach Stein, 1951 schließlich noch jene nach Wolkersdorf, doch ein weiterer Ausbau des Obus-Netzes unterblieb. Am 13. Dezember 1962 wurde der Betrieb eingestellt. Im Bild: Obus-Zug mit Motorwagen Nr. 656 (später 307), gebaut 1948 von der MAN, Werk Nürnberg, in selbsttragender Bauweise. Die elektrische Ausrüstung steuerten die Siemens-Schuckert-Werke in Nürnberg bei.

An der Hohen Marter in Schweinau war der Kreuzungspunkt zwischen Straßenbahn und den Obus-Linien 61 (Mühlhof) und 63 (Stein). Die Aufnahme von 1949 zeigt die beengten Platzverhältnisse jener Tage. In den fünfziger Jahren wurde die Haltestellenanlage umgebaut und vergrößert, um für die Omnibusse mehr Platz zu schaffen. Vorne rechts das „Telefonhäuschen" ist ein Streckenfernsprecher der VAG, ein frühes Vorgängersystem des heutigen Funkverkehrs.

Im Jahre 1964 konnte man noch mit den letzten Haubenmotor-Omnibussen in olivgrün-elfenbeinfarbigem Anstrich fahren. Doch die Tage dieser Wagen waren bereits gezählt. Ihnen sollten bald neuzeitliche Frontlenkerwagen in ganzheitlich elfenbeinfarbiger Lackierung folgen. Im Bild: Am Bahnhofsplatz, gegenüber dem Grand-Hotel, steht ein Omnibus der Linie 94 nach Zerzabelshof abfahrbereit. Der Wagen stammt aus der letzten Serie von sieben Omnibussen (Wagen-Nr. 237-243) der Bauart MAN/MKN 630 von 1955 mit Aufbau von Trutz in Coburg.

Mitten auf dem Bahnhofsplatz hatte die Omnibuslinie 94 nach Zerzabelshof ihre Endstation. Die jüngsten Omnibusse mit Haubenmotor stammten aus dem Jahr 1955, als die Straßenbahn die ersten Großraumwagen erhielt.

Ausgangspunkt für die Omnibusverbindungen in die nördlichen Vororte war früher der Friedrich-Ebert-Platz. Das Bild zeigt einen Omnibus auf der Linie nach Erlangen. Das Fahrgestell des damals überaus modernen Frontlenkerwagens kam 1957 von der MAN, den Aufbau fertigte die Karosseriefabrik Hubertia in Küps. Motorisiert war der Omnibus der Type 535 HOC 1 mit dem 135 PS starken Dieselmotor von MAN. Das Platzangebot: 41 Sitz- und 34 Stehplätze.

Schienenersatzverkehr am Rathenauplatz: 1957 erhielt die wiederaufgebaute Strecke vom Rathenauplatz zum Rathaus eine neue Gleisanlage am Laufer Schlagturm. Die Linie 16 (Rathaus–Viktoriastraße, zeitweise Erlenstegen) wurde deshalb auf dem Innenstadt-Abschnitt vorübergehend von Omnibussen vertreten. Das Untergestell von Wagen 191 stammte von einem Aussichtswagen des Zweckverbandes Reichsparteitage Nürnberg und trug seit 1953 einen neuen Aufbau von Trutz, Coburg.

Das zum 1. Juli 1960 in Kraft getretene Verbot des Mitführens von Personenanhängern hinter Omnibussen (Anhängerverbot) führte in Nürnberg zur Einführung der ersten Gelenkomnibusse, im Volksmund auch Ziehharmonikabusse genannt. Im Jahre 1961/62 beschaffte die VAG Nürnberg zwei Serien mit insgesamt 22 Fahrzeugen. Als Lieferant zeichnete die Düsseldorfer Waggonfabrik – DÜWAG –, welche die Busse mit der Typenbezeichnung GBS 165 U 11 in selbsttragender Bauweise auf dem Büssing-Bausatz Präsident (14 R/U 11) aufgebaut hatte. Beide Serien-Fahrzeuge (Nr. 601-612 von 1961 und 613-622 von 1962) besaßen den Büssing-Unterflurmotor U 11 mit 170 PS. Dieser war im vorderen Teil unter dem Wagenboden eingebaut.

Das städtische Fuhrwesen

Vom 13. bis ins 19. Jahrhundert führten die Städte keine Kehricht-(Müll-) beseitigung und Straßenreinigung in eigener Regie durch. Die Magistrate und Polizeiorgane beschränkten sich auf Anordnungen, die von den Bürgern nur ungenügend befolgt wurden. Die Bestrebungen zielten darauf ab, den Austrieb der Schweine und anderer Haustiere zur Nahrungssuche auf den Straßen sowie die Schweinehaltung einzuschränken und das Ablagern von Mist, Schutt und Kehricht auf den Straßen zu verhindern. Die Bürger wurden aufgefordert, die Abfälle zu Haufen zu ordnen, innerhalb angemessener Frist aus der Stadt zu entfernen und die Straßen zweimal wöchentlich zu reinigen. Gleichzeitig wurde versucht, die Schweinehaltung in den einzelnen Häusern und die Zahl der öffentlichen Mistplätze zu begrenzen.

Die unhygienischen Zustände waren vermehrt Ursache von Seuchen. Als 1872 Choleraepidemien das Land heimsuchten und der Arzt Robert Koch den Nachweis erbrachte, daß die Seuchen durch Bakterien verursacht wurden, erkannte man die Notwendigkeit zur Errichtung von Betrieben für die unschädliche Beseitigung aller Abfallstoffe, d. h. Kehricht-(Müll-)abfuhr, Straßenreinigung, Grubenentleerung sowie Bedürfnisanstalten. Zunächst waren es in den Städten wie etwa Nürnberg ein bis zwei Fuhrunternehmer, die diese Aufgaben für den Magistrat erledigten. Im Zeitraum von etwa 1870 bis 1900 wurden in nahezu sämtlichen deutschen Städten entsprechende städtische Eigenbetriebe geschaffen (Nürnberg: 1. 1. 1899 Kehrichtabfuhr; 1889 Straßenreinigung; 1. 5. 1899 Grubenentleerung). Bis 1913 war in Nürnberg die Feuerwehr zugleich für die Kehrichtabfuhr zuständig. Im gleichen Jahr wurde das Reinigungsamt (Hauskehrichtabfuhr, Straßenreinigung, Winterdienst, Bedürfnisanstalten, Grubenentleerung) geschaffen.

Seit etwa 1913 entwickelte sich der Automobilbau und trat verstärkt in den zwanziger Jahren in Konkurrenz zu den pferdebespannten Kehrichtwagen, Kehrmaschinen, Schneepflügen sowie Grubenentleerungswagen. Der Vorteil der Motorisierung trat deutlich zutage und es war offensichtlich, daß ein motorisiertes

Kehricht-(Müll)-Fahrzeug etwa drei bis vier Pferdewagen ersetzen konnte. Auch brachte eine automobile Kehrmaschine die dreifache Leistung einer pferdebespannten. Systematisch wurde deshalb auf Motorfahrzeuge umgestellt: Erfolgte die Müllabfuhr 1933 noch mit 16 Pferdefuhrwerken und 6 Motorfahrzeugen, so wurde bis 1935 aus wirtschaftlichen Gründen restlos auf 18 motorisierte Müllfahrzeuge umgestellt. Diese Umstellung bedingte 1920 die Einrichtung des städtischen Fuhrparks einschließlich Werkstatt und Tankstelle.

Nach Ende des 2. Weltkrieges fiel die politische Entscheidung, sämtliche städtische Einrichtungen, für die der Schwerpunkt des Betriebes im Fahrzeugeinsatz lag, unter einheitlicher Direktion zusammenzufassen. Die Betriebe Fuhrpark, Müllabfuhr, Straßenreinigung, Grubenentleerung, Bedürfnisanstalten wurden daher im „Stadtreinigungs- und Fuhramt" vereinigt mit der Maßgabe der kaufmännisch-wirtschaftlichen Betriebsführung. Die Verwaltung mit Fuhrpark und Werkstätten wurde auf dem Gelände des ehemaligen Nürnberger Flughafens am Marienberg untergebracht.

Durch die Aufgabenerweiterung – vor allem auf den Gebieten Fuhrpark, Abfallwirtschaft, Abfallentsorgung, Stadtreinigung, Deponie, Müllverbrennung sowie Verwaltung mit elektronischer Datenverarbeitung und Beschaffungswesen – vergrößerte sich das Amt in den 80er Jahren mit vier Abteilungen auf einen Personalstand von 660 Mitarbeitern.

Dr. Rolf Pohle

Die Hauskehrichtabfuhr erfolgte anfangs mit Kastenwagen. 1905 entwickelte die Stadt Nürnberg einen Musterwagen mit einem Laderaum von 4 Kubikmetern. Nach diesem Vorbild wurden die Wagen schrittweise eingeführt, die die Stadt stellte. Die Bespannung (zweispännig) führten private Fuhrwerksbesitzer gegen Vergütung durch. Jedem Wagen waren zwei städtische Arbeiter zugeteilt. 1903 setzte man im Sommer 19 und im Winter 22 Wagen zur Abfuhr ein. Zur Entladung wurde der Aufbau nach hinten gekippt.

20 Jahre später war der Kastenwagen bereits motorisiert. Das 34 000 RM teure Fahrzeug war eine MAN-Konstruktion auf einem Tiefrahmen-Cardan-Fahrgestell (5 t) mit einem Vierzylinder-Motor, 55/65 PS, und dem Baujahr 1926. Der Aufbau war eine Spezialkonstruktion von Arquint, München, gefertigt von der Karosseriefabrik Autokasten GmbH, München. Der hinten eingeworfene Müll wurde durch ketten-gezogene Eisenleisten nach oben gefördert und dort verteilt. Zum Entladen konnte der Aufbau nur nach rechts gekippt worden.

Wiederum MAN lieferte das Müllfahrzeug, Type 5 KVB/4, im Jahre 1930 aus (Motor: 1580 A, 7478 ccm, 55/60 PS, Radstand: 4,70 Meter). Der zum Entladen nach hinten kippbare Aufbau stammt von REF-Weygandt & Klein, Feuerbach bei Stuttgart (ab 1951 Haller Fahrzeugbau GmbH, Stuttgart) und hat ein Fassungsvermögen von 6/8 Kubikmeter. Eine vom Motor angetriebene Förderschnecke übernahm nach dem Beladen die Verdichtung des Mülls. Die Entleerung erfolgte durch Kippen nach hinten.

Nach Ende des zweiten Weltkriegs setzte die Stadt Nürnberg von 1947 bis 1952 die ersten Rolltrommel-Müllwagen ein, wie das Bild vom Königstor beweist. Die Fahrzeuge des Nürnberger Herstellers Faun hatten einen Vierzylinder-Dieselmotor und leisteten 90 PS. Der Aufbau faßte sechs bis neun Kubikmeter Müll. Etwas kompliziert mutet für heutige Vorstellungen die Funktionsweise an: Nach Füllen des Einschüttbehälters wird der Müllkessel nach oben gerollt, wobei der Behälterinhalt in den großen Kessel gleitet.

Die erste motorisierte Straßenkehrmaschine wurde in Nürnberg 1914 eingesetzt. Das Fahrzeug des Herstellers REF Weygandt & Klein (später Haller), Stuttgart, arbeitete mit einem Kettenantrieb.

In Dreirad-Ausführung wegen der guten Wendefähigkeit präsentierten sich die motorisierten Kehrmaschinen ab 1926/27. Hersteller waren die Friedrich-Krupp-Werke in Essen. Das 10 315 RM teure Fahrzeug arbeitete mit einem Vierzylinder-Viertakt-Benzinmotor (1944 Umbau auf Hochdruckgas), hatte einen Hubraum von 2,35 Litern und leistete 24 PS. Der Wasserkessel faßte 700 Liter und hatte eine Rieselvorrichtung zur Anfeuchtung der Straßenoberfläche. Das Bild zeigt eine solche Kehrmaschine nebst Handwagen und Reinigungstrupp 1935 vor der Kulisse des Reichsparteitagsgeländes.

Noch dreirädrig, aber schon erheblich voluminöser präsentierten sich die Kehrmaschinen der Nachkriegszeit. Diese selbstaufnehmende Maschine ohne Absaugung kam von Faun (Typ AK 3) und wurde in Nürnberg ab 1953 eingesetzt. Die Kehrbreite betrug 2,30 Meter, die Fahrgeschwindigkeit drei bis zwölf Kilometer pro Stunde. Der Kehrichtkasten faßte 1,6 Kubikmeter. Der Motor leistete 70 PS.

Eine Kombination von Straßenkehr- und -waschfahrzeug stellte der Daimler-Benz-Typ K 1 aus den dreißiger Jahren dar. Der Sechs-Zylinder-Benzinmotor leistete 50 PS und besaß ein Dreiganggetriebe mit Nebenantrieb. Die nachlaufende Walze diente als Kehrbürste und konnte gegen eine Gummiflossenwalze ausgetauscht werden. Der Aufbau mit einem 2,5 Kubikmeter fassenden Behälter stammte wiederum von Weygandt & Klein (später Haller), Stuttgart.

Die Besprengung der teilweise noch unbefestigten Straßen zur Eindämmung der Staubentwicklung erfolgte zunächst mit Schlauch und Strahlrohr aus Sprengpfosten (= Hydranten). Das Handsprengen wurde nach und nach durch pferdebespannte Sprengwagen ersetzt. Beispielsweise mußte im Jahre 1913 an 118 Tagen gesprengt werden. Dem Wasser wurde ein Staubbindemittel „Dusterit" zugesetzt. Die jährlichen Kosten für die Straßenbesprengung betrugen damals ca. 170 000 Mark.

Systematisch wurden die pferdebespannten Sprengfahrzeuge durch motorisierte ersetzt. Diese waren aufgrund des größeren Wasservorrates sowie des hohen Pumpendruckes in der Lage, neben der Besprengung auch befestigte Straßen zu waschen. Die Firma MAN lieferte einen Dreiachstyp S1 H6 für acht Tonnen Nutzlast mit einem Sechszylinder-Ottomotor (110 PS) einschließlich einer modernen 6-Rad-Druckluftbremse. Der Aufbau mit dem acht Kubikmeter fassenden Wasserbehälter stammt von REF-Weygandt & Klein (später Haller), Stuttgart-Feuerbach.

Zur Schneeräumung diente um 1925 dieser pferdebespannte siebenschauflige Schneepflug der Fa. Hellmers, Hamburg, zu einem Stückpreis von 2600 Mark. Da mit diesem Pflug eine maximale Räumbreite von 4,25 Metern erzielt werden konnte, eignete sich dieser auch für Automobil- und Straßenbahnbetrieb.

Für den Winterdienst mit pferdebespannten Schneepflügen schaffte die Stadt die Pflüge an, die Pferde samt Kutscher wurden von Fuhrunternehmern gestellt. An die Fuhrunternehmer wurden als Entgelt etwa 17 Mark pro Tag gezahlt. Dieses Gespann stärkt sich im Jahre 1929 an der Gaststätte „Kriegers Heimkehr" an der Adam-Klein-/Ecke Nützelstraße.

Zunehmend wurden Automobile für den Winterdienst eingesetzt. Bereits 1926 handelte man kostenbewußt und stattete im Winter Fäkalienfahrzeuge mit vorgebauten Schneepflügen aus. Die MAN lieferte das 5-t-Cardan-Fahrgestell mit Rechtslenkung, 4-Zylinder-Motor (55/60 PS), 4-Gang-Getriebe, Radstand 4,5 Meter. Die Höchstgeschwindigkeit betrug 26 km/h.

Im allgemeinen wurden 1927 Lastkraftwagen (MAN, 50/55 PS und fünf Tonnen Nutzlast) mit vorgebautem Schneepflug für die Schneeräumung eingesetzt. Für die Schneebeseitigung standen etwa 25 Pflüge zur Verfügung. Dank der weiteren Motorisierung konnte der Personaleinsatz (Handschneeräumer) reduziert werden.

Zur Schneebeseitigung und Sandstreuung bei Winterglätte mußten den Straßenreinigungsarbeitern je nach Witterungsverhältnissen täglich 20 bis 1000 Hilfskräfte beigegeben werden. Mit der Einführung von automatischen Sandstreuern als Nachlaufanhänger an einen Lkw konnte Personal eingespart werden. Der Hansa-Lloyd-Lkw (Elektroantrieb 20 PS, Nutzlast zwei Tonnen) mit einem Streuer (System Schörling, Hannover) erreichte je nach Geschwindigkeit eine Streubreite von vier bis zehn Metern. Der Anschaffungspreis des Streuers betrug 1000 Mark. In der Weiterentwicklung erhielten die Lastkraftwagen einen Vorbaupflug zum Schneeräumen und ein Streuaggregat als Nachlaufanhänger. Damit war der Durchbruch für einen rationellen Winterdienst erreicht.

Die Reinigung der etwa 9500 Regeneinlässe sowie Sinkkästen erfolgte 1914 ein- bis dreimal jährlich mit 16 Schlammabfuhrwagen, die von der Fa. Rockinger, München, hergestellt wurden. Pro Jahr fielen etwa 4000 Kubikmeter Schlamm an. Für diese Arbeiten waren jährlich etwa 40 000 Mark aufzuwenden.

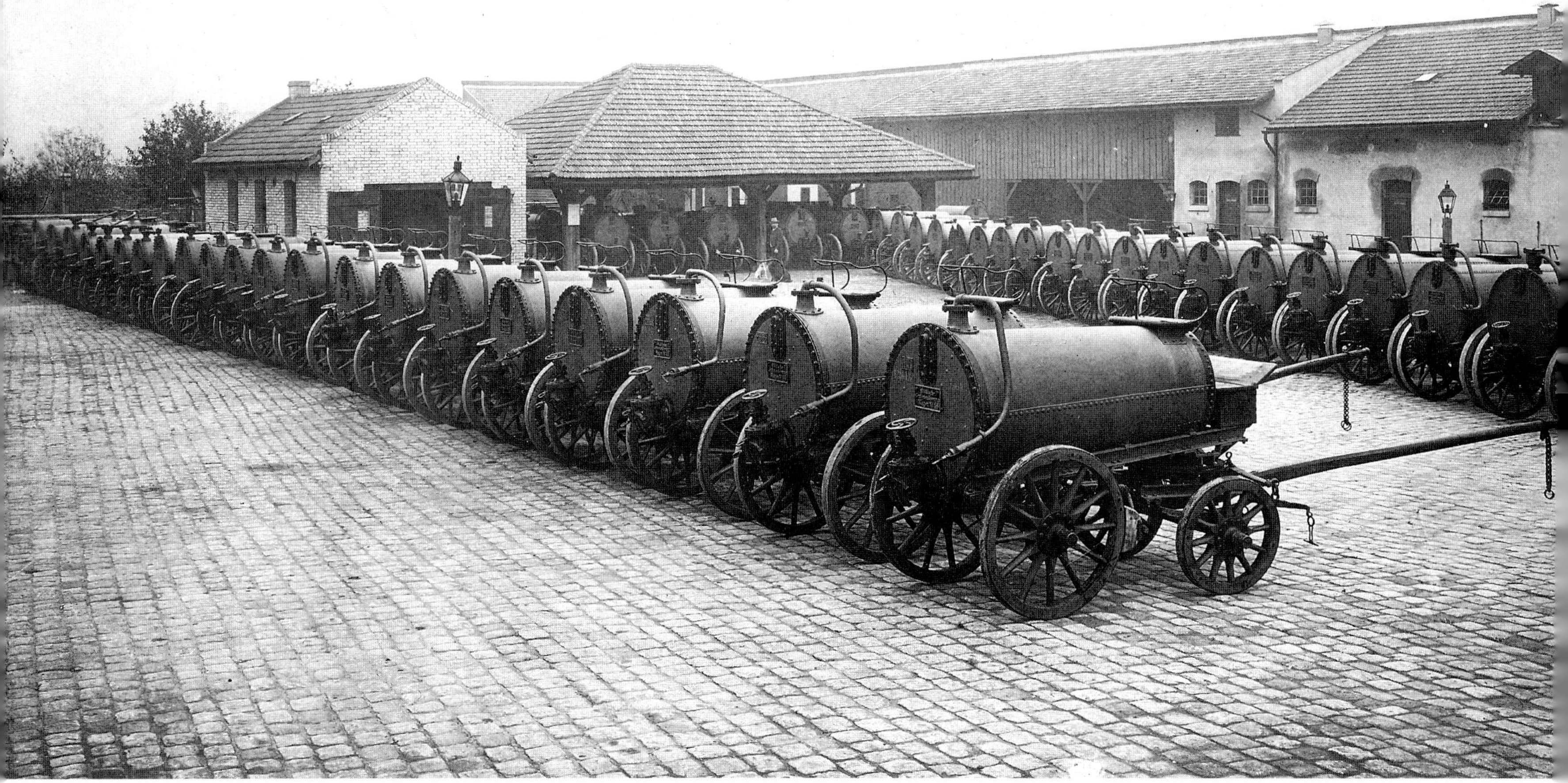

Die insgesamt 60 Abfuhrwagen für Fäkalien waren 1910 im Fuhrpark in St. Leonhard bei der Städtischen Grubenentleerung stationiert. Etwa 70 Abortanlagen mußten damals pro Tag mit durchschnittlich 45 Fuhrwerken entleert werden.

Um die Jahrhundertwende wurde die pneumatische Absaugung der Gruben unter Einsatz von Dampfpumpen (zweiter Anhänger) eingeführt. Bei der Grubenentleerung lag zur damaligen Zeit der Personalaufwand bei 50 Bediensteten (Verwalter, Aufseher, Maschinisten, Kutscher und Arbeiter).

Kriegsbedingt fehlte es 1918 an Pferdegespannen und Motorwagen für die Fäkalienabfuhr. Alternativ setzte man Ochsengespanne ein. Die Wagen entleerten entweder in die als Zwischenlager vorgesehenen Fäkaliengruben (Vach, Schnepfenreuth, Raitersaich, Stein) oder direkt an der Fäkalienverladestelle St. Leonhard in Eisenbahnwaggons (siehe Seite 161).

Die Nürnberger Fahrzeugfabrik Justus Christian Braun lieferte das Fäkalienfahrzeug (1913/14) als Mixed System mit Argus 6-Zylinder-Motor und elektrischem Radnaben-Antrieb. Aus wirtschaftlichen Gründen nutzte man das Fahrzeug zeitweise auch zum Sprengen der Straßen während der Sommermonate.

Auch bei der Fäkalienabfuhr wurde systematisch von pferdebespannten Wagen auf Motor-Fäkalienwagen umgestellt. Die Hercules-Werke in Nürnberg lieferten 1919 den Lkw mit einem 4-Zylinder-Motor (42 PS) für vier Tonnen Nutzlast. Zur Erzielung einer größeren Abfuhrleistung diente ein Abfuhrwagen als Anhänger.

Die Verladung der Fäkalien vom Fäkalienfahrzeug (MAN, 55/60 PS, Behälter vier Kubikmeter) in Eisenbahnwaggons erfolgte 1926 an der Verladestelle St. Leonhard (Nähe Gaswerk). Die Fäkalien dienten als Dünger für die Landwirtschaft und wurden per Eisenbahn bis zu einer Entfernung von 80 Kilometern (Schnabelwaid) transportiert, da die Aufnahmekapazität im Nürnberger Raum begrenzt war. Vorgänge, die heute Schlagzeilen zum Stichwort „Müll-Tourismus" liefern würden, wäre diese Form der Naturaldüngung nicht längst verboten.

Die Weiterentwicklung führte in den zwanziger Jahren zu Fäkalienfahrzeugen (Fabrikat Saurer, Lindau) mit eingebauter Saugpumpe und angehängten Schlauchwagen. Das komplette Gespann ermöglichte die Entleerung tiefer Gruben. Die Schweizerische Nutzfahrzeug- und Maschinenbaugruppe A. Saurer hatte im März 1914 mit der MAN einen Lizenz- und Kooperationsvertrag geschlossen.

Mit dem pferdebespannten Abfuhrwagen im Vordergrund konnten 1910 täglich acht bis zwölf Einlässe entleert werden. Das motorisierte Schlammfahrzeug dahinter (MAN, Typ 520, 120 PS mit einem 6-Kubikmeter-Aufbau aus dem Jahre 1959) steigerte die Zahl der täglichen Schlammentleerungen auf 65 bis 75.

Die Betankung der städtischen Fahrzeuge erfolgte an einer stadteigenen Tankstelle. Sie war im Kraftwagenpark am Plärrer hinter dem Volksbad installiert, wie das Bild von 1920 dokumentiert. Als Treibstoff diente ein Benzin-/Benzolgemisch (kleines Bild).

Die zunehmende Motorisierung zwang 1920 zur Errichtung eines städtischen Kraftwagenparks mit Werkstatt in der Rothenburger Straße. Der Wert des Inventars des Kraftwagenparks betrug 1920/21 etwa 956 000 Mark. Außer den Lastkraftwagen, Kehricht-, Straßenkehr- und Fäkalienwagen waren auch die städtischen Dienstkraftwagen dem Fuhrpark zugeordnet. Dazu zählte auch der Dienstwagen des Oberbürgermeisters Dr. Hermann Luppe: Typ Maybach W 5, Baujahr 1929/30 mit 120 PS. Nach dem Krieg wurde das Fahrzeug als Leichenwagen umgerüstet und war bis 1947 im Einsatz.

Auch die Leichenwagen wurden vom Kraftwagenpark betreut und bewirtschaftet. Von 1938 bis 1945 fand das Fahrzeug Mercedes-Benz Typ L 1100 mit einem 45-PS-Motor (M 143/Benzin) in Nürnberg Verwendung.

Im Rahmen des „Vierjahresplanes" wurden Küchenabfälle von der Bevölkerung in kleinen Holzkübeln gesammelt. Die Kübel wurden in einen Lkw entleert und Schweinemästereien im Rahmen des „Ernährungshilfswerkes" (EHW) zugeleitet (1937 – 1944). Das Fahrzeug war ein Krupp-Pritschenwagen, Typ LD 3,5 M 222, der mit einem 2-Zylinder/60-PS-Motor (Lizenz Junkers M 402) ausgerüstet war.

Während der Aufbauphase nach dem Zweiten Weltkrieg verfügte die Stadt Nürnberg nicht über eine ausreichende Zahl von Tankstellen. Sie nutzte daher einen Anhänger bis 1952 zusätzlich als Behelfstankstelle. Das Fahrzeug lieferte die Fa. Rohleder & Ebinger – REF, Feuerbach bei Stuttgart (später Fa. Haller). Der Aufbau hatte ein Fassungsvermögen von fünf Kubikmetern. Das Bild zeigt den vollgummibereiften Anhänger auf einen Eisenbahnwaggon verladen.

Zahlreiche Arbeiten im Straßenbau führte die Stadt zeitweise in eigener Regie durch. Ein Teersprengwagen mit einem MAN-Fahrgestell Typ 5 t (Baujahr 1919/20) versprühte Steinkohlenteer, der in der Teerdestillation des Nürnberger Gaswerks hergestellt wurde. Als Aufbau diente ein genieteter Kessel mit drei Kubikmetern Inhalt (Hersteller Fa. REF – Weygandt & Klein) einschließlich der Düsensätze für Drücke bis 6 bar.

Auch im Straßen- und Wegebau war die Stadt tätig. Ein kippbarer MAN-Lkw Typ 5 KVB/4 mit Hochelastikbereifung (Motor 4-Zylinder, 55/60 PS, 7,5 Liter) wurde 1929 von einem fahrbaren Bagger mit Erdaushub beladen. Den Aufbau lieferte die Firma Meiller, München.

Für Arbeiten an der Straßenbeleuchtung mit Gas- und Elektrolampen sowie im Oberleitungsbau wurden sogenannte Hubsteiger benötigt. In den Jahren 1958 bis 1967 lieferte die Firma Hanomag den sogenannten Kurier mit Wumag-Hubsteiger, der mit einem 4-Zylinder-4-Takt-Dieselmotor (50 PS) ausgerüstet war.

Polizei, Feuerwehr und Rotes Kreuz

Luftfahrt und Eisenbahn, Straßenbahn und Bus geben ein vielfältiges und buntes Bild von der Entwicklung des Verkehrswesens in Nürnberg. Es bliebe jedoch unvollständig und historisch dürftig, ließe man die Bereiche der öffentlichen Sicherheit und Ordnung sowie des Rettungswesens außer acht. Denn auch Feuerwehr, Polizei und Rotes Kreuz haben mit ihren speziellen Fuhrparks ein Stück Nürnberger Verkehrsgeschichte geschrieben.

Als sich 1806 das Königreich Bayern die Freie Reichsstadt Nürnberg einverleibte, führte dies zur ersten bayerischen Polizeidirektion in der Stadtgeschichte. Doch schon zwölf Jahre später endete diese Epoche wieder, nachdem der Stadt mehr Selbstverwaltungsrechte zugestanden worden waren. 1923 schließlich wurde Nürnbergs Polizei verstaatlicht, kam aber nach Ende des 2. Weltkriegs abermals in die Obhut der Stadt zurück. 1974 wurde die Polizei erneut verstaatlicht, der Sitz des Polizeipräsidiums Mittelfranken von Ansbach nach Nürnberg verlegt und beide Behörden unter einem Dach fusioniert.

Waren die Hüter des Gesetzes anfangs zu Fuß oder zu Pferd unterwegs, so gab die einsetzende Motorisierung auch der Polizei neue Beweglichkeit. Dem einfachen Streifenfahrzeug folgten bald Spezialwagen für Gefangenentransporte (im Volksmund „Grüne Minna" genannt), aber auch Mannschaftstransportwagen, Befehlswagen und Wasserwerfer. Die wenigsten davon wurden freilich für die Nachwelt dokumentiert, wie die folgende kleine Bilderauswahl zeigt.

Gleiches gilt für die Feuerwehr, die in Nürnberg seit April 1875 als Berufswehr organisiert ist. Zuvor waren die Bürger bis etwa zur Mitte des 19. Jahrhunderts verpflichtet gewesen, bei Feueralarm Hilfe zu leisten. Entsprechend den vier Hauptkirchen war die Stadt in vier Feuerviertel eingeteilt. Unterstützung fand und findet die Berufsfeuerwehr bis heute in den Freiwilligen Wehren verschiedener Ortsteile.

Die Feuerwehr mußte sich zunehmend außer der Brandbekämpfung auch zahlreichen weiteren schwierigen Aufgaben stellen, Bergungsarbeiten bei Katastrophenfällen, schwere Verkehrsunfälle, aber auch Chemie- und Gasunfälle sowie

Unfälle mit radioaktiven Stoffen gehören zu ihrem vergrößerten Aufgabenbereich, zu dem auch Einsätze auf dem Wasser zählen. Vielfältige Spezialgeräte und Sonderausstattungen waren dafür unumgänglich und wirkten sich auch auf den modernen Fuhrpark der Wehr aus.

Männer des Turnvereins, der Freiwilligen Feuerwehren sowie Kriegsveteranen bildeten die Basis der ersten Sanitätshauptkolonne des Roten Kreuzes in Nürnberg. Sie wurde 1886 von Kommerzialrat Wilhelm von Puschner gegründet. Ab 1895 übernahm die freiwillige Sanitätshauptkolonne im Einvernehmen mit der Krankenhausverwaltung die Krankentransporte. Zwei Jahre später wurde die erste, ständig besetzte Sanitätswache im Gebäude der Zentralfeuerwache am Hopfenmarkt eingerichtet.

Der Transport erfolgte zunächst durch Handkarren („Handmarie"), Radfahrabteilungen („Veloziped") und Pferdefuhrwerke. Dank einer Spende konnte 1908 das erste Sanitätsautomobil „Adler" – ausgerüstet mit einem 29/50-PS-Vierzylindermotor – angeschafft werden. Mit dem Kauf von zwei weiteren Sanitätsautomobilen konnte 1910 die Motorisierung zügig fortgesetzt werden. Erst nach dem 2. Weltkrieg und dem Wiederaufbau setzte eine neue Phase der Motorisierung zunächst mit einfachen, dann jedoch mit immer komfortableren und spezialisierten Fahrzeugen ein, die bis zur hochmodernen Ausstattung der Rettungswagen unserer Tage führte.

Dr. Rolf Pohle

Als motorisierte Einsatzgruppe gab es nach dem Krieg in Nürnberg das sogenannte „Überfallkommando". Die Ausrüstung dieser Einsatzstaffel bestand aus Fahrzeugen der Marke „Opel-Blitz", die wegen des eingebauten Benzinmotors und der damit verbundenen guten Anfahrwerte eine größere Schnelligkeit erlaubten als die Mannschaftswagen mit einem Dieselmotor. Im Bild: Opel-Blitz/1,5-Tonner (Bauzeit von 1946 – 1952) noch mit orangefarbenem B/Y-Kennzeichen im Hof des Polizeipräsidiums. Den Kofferaufbau lieferte die Karosseriefabrik Minnameier in Nürnberg.

Ein beliebtes Fahrzeug bei der Stadtpolizei war in den Sommermonaten der zum Mannschafts-Cabriolet umgebaute Käfer von Volkswagen. Im Bild: Ein von der Nürnberger Karosseriefabrik Minnameier umgerüsteter Käfer der Type 11 A von 1948/49.

Im Hof des Polizeipräsidiums Nürnberg stehen in Reih und Glied die Einsatzfahrzeuge der Nürnberger Stadtpolizei. Auf dem Bild sind neben Neufahrzeugen von VW und Opel auch noch Mercedes Benz-Streifenwagen aus der Vorkriegszeit zu sehen. Zur Kenntlichmachung der Polizeifahrzeuge gegenüber der amerikanischen Besatzungsmacht sind an manchen Wagen Zusatzschilder in englischer Sprache montiert (vorne).

Nach dem Kriege fanden vielfach frühere Wehrmachtsfahrzeuge bei der öffentlichen Hand eine zivile Weiternutzung. Im Bild: Opel-Blitz-Mannschaftstransportwagen mit dem in der Kriegszeit konstruierten Einheitsfahrerhaus im Polizeipräsidium Nürnberg.

Mitte der sechziger Jahre war das Erreichen einer Kilometergrenze eines Einsatzwagens noch ein Grund für eine kleine Feierlichkeit. Im Bild Polizeiwagen 7132, ein Opel Olympia-Rekord von 1958/59 vom Revier 1 mit Blumenschmuck und Erinnerungstafel.

Bei Magirus-Deutz in Ulm bestellte die Stadtpolizei Anfang der fünfziger Jahre ihren ersten Wasserwerfer. Im Bild: Wasserwerfer auf Magirus-Deutz-Fahrgestell der Type S 3500, gebaut um 1950/51.

Als die Polizeihoheit in städtischen Händen lag, baute die Karosseriefabrik Minnameier in der Muggenhofer Straße 102 – 104 eine größere Einheit von Bereitschaftswagen für das Verkehrs-Unfall-Kommando Nürnberg. Die Fahrzeugaufbauten hatten zwei getrennte Vernehmungsabteile und waren mit Schreibtisch, Schrank und mehreren Sitzgelegenheiten ausgestattet. Zur besseren Beleuchtung im Wageninnern erhielten sie einen Dachaufsatz, ein sog. Laternendach. Im Bild: Zwei Einsatzwagen der Marke Opel Blitz (Type 1,75 to mit 62 PS Benzinmotor) anläßlich der Übergabe an die Polizei.

Ende der sechziger Jahre wurde der Fuhrpark der städtischen Polizei in Nürnberg im Hof des Polizeipräsidiums letztmals abgelichtet. Am 1. Oktober 1974 wurden die Fahrzeuge im Zuge der Verstaatlichung des Polizeiwesens vom Freistaat Bayern übernommen.

Fünfzehn Jahre nach Gründung der Nürnberger Berufsfeuerwehr am 1. April 1875 präsentieren sich die Feuerwehrmänner mit Roß und Wagen im Jahre 1890 im Peunthof, dem heutigen Bauhof.

Die Nürnberger Feuerlöschgeräte- u. Maschinenfabrik, vormals Justus Christian Braun AG, in Wöhrd lieferte 1912 den abgebildeten Automobil-Leiterwagen. Der Antrieb des Feuerwehrfahrzeugs erfolgte auf benzin-elektrische Art. Deutlich zu erkennen ist der elektrische Radnabenmotor innerhalb der Hinterachsfelge. Bei der Leiter handelt es sich um eine „Kaiser-Leiter", benannt nach dem Konstrukteur Justus Christian Kaiser, der in der Nürnberger Feuerlöschgeräte- und Maschinenfabrik eine bedeutende Stellung innehatte.

Der Neubau der Feuerwache Ost in der Veilhofstraße 30 war im Jahre 1912 vollendet worden. Die Aufnahme von 1914 zeigt einen Feuerwehrwagen, gebaut von der Nürnberger Hercules-Werke AG, mit einer Nutzlast von 3 Tonnen und einem 4-Zylinder-Benzinmotor mit 30 PS. Die Feuerwache Ost (heute Feuerwache 2) war die erste Wache in Nürnberg, die mit einem „automobilen Löschzug" ausgestattet war.

Waren die bisherigen Fahrzeuglieferungen für die Feuerwehr aus Nürnberger Produktion hervorgegangen, so beschaffte die Berufsfeuerwehr um 1917/18 einen Schlauchwagen, dessen Fahrgestell als Typ 2 von der Automobilfabrik Nacke in Coswig geliefert wurde. Ob der feuerwehrtechnische Aufbau ebenfalls von dort kam oder von einem anderen Aufbauhersteller, ist nicht bekannt. Der weiße Kreis unterhalb des Fahrersitzes enthält das Nürnberger Stadtwappen, welches bis ca. 1936 aus dem Frauenkopf-Adler bestand.

Im Jahre 1920 kam wiederum nicht die Nürnberger Feuerlöschgeräteindustrie zum Zuge, als von Opel ein 3-Tonner-Gerätewagen nach Nürnberg ausgeliefert wurde. Der Benzinmotor dieses Fahrzeugs hatte eine Leistung von 40 PS.

Zum Sondereinsatz anläßlich des Reichsparteitags 1936 lieferte die Firma Metz im gleichen Jahr drei Kraftfahrleitern der Type KL 26/32 auf Daimler-Benz-Fahrgestellen der Bauart LoD 3500. Diese 95 PS starken Fahrzeuge unterstanden seinerzeit der Reichswehr (siehe Kennzeichen an der Leiterspitze) und dürften nur zeitweise bei der Feuerwache 1 dienstverpflichtet gewesen sein.

Mitte der fünfziger Jahre verfügte die Berufsfeuerwehr über einen äußerst interessant gemischten Fuhrpark, der sich aus Wagen der Kriegs- sowie der Nachkriegszeit zusammensetzte. Auf dem Foto sind zu erkennen: Klöckner-Humboldt-Deutz, Typ GS 145 der Bauzeit 1941 – 1943 (links vorne) ein großes Löschgruppenfahrzeug – GLG – von Daimler-Benz (Typ L 4500 mit 120 PS) der Baujahre 1944/45 (Bildmitte), ein TLF 16 von Magirus-Deutz der Bauart S 3500 von 1955 (rechts vorne) und ein Klöckner-Humboldt-Deutz mit 80 PS der Bauart S 3000 der Baujahre 1940 – 1945 (rechts hinten).

Zur Feuerschutzwoche 1957 waren vor den Toren der Feuerwache 1 in der Reutersbrunnenstraße zahlreiche Feuerwehrfahrzeuge ausgestellt. Neben der bereits betagten Drehleiter vom Typ DL 26, die von Metz in Karlsruhe auf der Basis eines Daimler-Benz-Lastkraftwagens vom Typ LoD 3500 im Jahre 1936 aufgebaut war, stand auch ein Löschfahrzeug (LF 16 mit Metz-Aufbau) der neuen MAN-Rundhauber-Generation vom Typ 415 L 1. Dieser Wagen war erst wenige Wochen zuvor in Dienst gestellt worden.

Bei der Nürnberger Sanitätskolonne wurde im Jahre 1908 das erste „Sanitätsautomobil“ in Betrieb genommen. Bei dem Wagen handelte es sich um einen Adler, gebaut von den Adlerwerken, vorm. Heinrich Kleyer AG in Frankfurt am Main.

Die Freiwillige Sanitätskolonne Nürnberg verfügte über eine Radfahrabteilung, dessen Helfer mit dem „Veloziped“ Krankentransporte besorgten. Leider ist nicht überliefert, welche Nürnberger Fahrradfabrik dieses zweisitzige Gefährt um die Jahrhundertwende gebaut hat.

Auf diesem Foto der Freiwilligen Sanitätskolonne Nürnberg ließ sich nur das mittlere Fahrzeug identifizieren. Bei dem Krankenwagen mit dem Kennzeichen II N-41 handelt es sich um ein Fahrzeug, das die Motorwagenfabrik Protos GmbH in Berlin um das Jahr 1911 gebaut hat. Der einachsige Anhänger hinter dem linken Wagen stammt aus dem Nürnberger Werk der MAN, das neben Mulag-Mannesmann vor und während des 1. Weltkriegs Krankenwagen- und Badewagenanhänger produzierte.

Die zunehmende Motorisierung hatte auch beim Roten Kreuz in Nürnberg Mitte der dreißiger Jahre einen hohen Fahrzeugbestand zur Folge. Auf dem Foto sind drei Horch-Sanitätsfahrzeuge (links u. rechts ein Horch 8, Type 350, und in der Mitte ein Horch 8 vom Typ 375) zu sehen, die um 1930/31 gebaut worden sind.

Mitte der dreißiger Jahre hatte das Rote Kreuz Nürnberg einen bunt gemischten Wagenpark: Erster, dritter, vierter und fünfter Wagen (von links) sind Horchs von 1928-31, zweiter Wagen ist ein Adler von 1930-31, sechstes und siebtes Fahrzeug ist je ein Simson Supra, gebaut in Suhl/Thüringen. Der achte, neunte und zehnte Krankenwagen ist je ein Protos aus Berlin, gebaut um 1925-26. Bei dem elften Wagen handelt es sich um einen Benz, gebaut in Mannheim 1924-25. Den großen Krankentransportwagen ganz rechts lieferte die Daimler-Benz AG unter der Typenbezeichnung N 1 in den Jahren 1929-30 nach Nürnberg.

In den fünfziger Jahren wurde der Fuhrpark des Roten Kreuzes im Hof an der Nunnenbeckstraße ein weiteres Mal abgelichtet. Auf dem Foto sind von links nach rechts zu sehen: VW-Busse der Bauzeit von 1950-52 mit 25 PS-Motor, ein Mercedes-Benz Typ 180 Kombi von 1954-59 mit 65 PS sowie ein Mercedes-Benz Typ 170 S von 1949-53 mit einem 52 PS-Motor.

Fahrzeuge aus Nürnberg

In der jüngeren deutschen Technikgeschichte wird der Industriestandort Nürnberg meist mit der Maschinenfabrik Augsburg-Nürnberg (MAN) und ihren vielfältigen Produkten in Zusammenhang gebracht oder mit den Produkten der einst so zahlreichen Motorradhersteller. Dabei wird jedoch vergessen, daß Nürnberg auch im Fahrzeugbau eine herausragende Stellung einnahm und auf diese Weise einen bedeutenden Abschnitt der deutschen Automobilgeschichte mitgeschrieben hat. Zehn Firmen waren im Laufe der Stadtgeschichte in der Pkw- und Nutzfahrzeugproduktion tätig. Im einzelnen waren dies:

- Nürnberger Feuerlöschgeräte- und Maschinenfabrik vormals Justus Christian Braun AG (Lastkraftwagen und Pkw von 1900 bis 1913)
- Nürnberger Motorfahrzeuge-Fabrik „Union" GmbH – Ludwig Maurer – (Lastkraftwagen, Omnibusse, Pkw von 1901 – 1909)
- Victoria-Werke AG, Nürnberg, (Personenkraftwagen und Lieferwagen von 1901 bis 1909
- Süddeutsche Motorwagen-Industrie „Noris", Gebr. Bauer, (Pkw's von 1902 bis 1905)
- Nürnberger Hercules-Werke AG (Lastkraftwagen von 1908 bis 1926 und Dreirad-Personenwagen von 1931 bis 1933)
- Nürnberger Feuerlöschgeräte- und Fahrzeugfabrik Carl Schmidt (Lastkraftwagen von 1913 bis 1919)
- Maschinenfabrik Augsburg-Nürnberg AG – MAN – (Lastkraftwagen, Omnibusse von 1915 bis 1955), die Motorenfertigung für MAN Nutzfahrzeuge befindet sich noch heute in Nürnberg)
- FAUN-Werke AG Nürnberg (Lastkraftwagen, Omnibusse (Produktion in Nürnberg von 1920 bis 1949)

● Zündapp-Werke Nürnberg (Lastkraftwagen von 1933 bis 1935 und Personenwagen Typ „Janus" von 1957 bis 1958)

● Südwerke GmbH, Bamberg (Lastkraftwagen-Teilefertigung und Endmontage in Nürnberg von 1944 bis 1953)

Daneben firmierten in Nürnberg mehrere Karosseriehersteller, deren Fertigungsprogramm die Herstellung von Pkw-, Lkw- und Omnibusaufbauten sowie den Bau von Anhängern und Sonderfahrzeugen umfaßte. Das bekannteste Unternehmen dieser Art war die 1889 gegründete und 1970 stillgelegte Karosseriefabrik Friedrich Minnameier in der Muggenhofer Straße 102 – 104. Zu den Kunden dieser Firma gehörten unter anderem die Nürnberg-Fürther Straßenbahn, die Reichspost, die Wehrmacht, das Rote Kreuz, die Bundespost, der Bayerische Rundfunk, die Stadt Nürnberg, die Polizei und zahlreiche Transport- und Einzelhandelsunternehmen. Ein weiterer Karosseriehersteller war die Fahrzeugfabrik Johann Estelmann & Co, die von 1898 bis 1923 Fahrzeugaufbauten hergestellt hat.

Auch von der Zweiradindustrie gingen im Laufe der Geschichte viele technische Impulse aus. Nürnberger Motorradprodukte haben folgende Firmen hergestellt:

ABAKO – Apparatebau AG Kracker, Siegfriedstraße 9 – 17
Ardie Motoren Werk AG, zuletzt Preißlerstraße 15
Astoria Motorenwerk GmbH, Äußere Rollnerstraße 55
Eichelsdörfer Motorradbau, Willy & Josef Eichelsdörfer
ENAG – Erle & Nestler AG, Maschinenfabrik
EPA – Peter Pazicky, Motorradbau
Eschag Motoren Gesellschaft mbH, Julienstraße 14
Express-Werke AG (in Zweirad Union), Nopitschstraße 70
Ferbedo – Ferdinand Betthäuser, Fürther Straße 306 – 312
Fortuna Kleinmotorenfahrzeugwerk, Fürther Straße 384
Hagel Kraftradbau AG
Hecker Fahrzeugfabrik, zuletzt Lenaustraße 7
HEILO – Motorradfabrik Heilbrunn & Co, Bauerngasse 21
Heller Motorradfabrik
JAVON – J. A. Vogler Motorfahrzeugbau, Rohrmattenstraße 16
KOFA – Motor & Fahrradbau, Neutorstraße 10

Lloyd-Motoren-Werk und Kleinkraftradfabrik Ottmar Cramer, Untere Turnstraße 16 (zuletzt Poppenreuther Straße 56)
MAMMUT – Maschinenfabrik Berner & Co, Ludwig-Feuerbach-Straße 75
Mars Werke AG, Sigmundstraße
M. J. S. Schönfeld & Schwarz, Motorradbau
Nestoria Motorenwerk GmbH, Äußere Rollnerstraße 55 (zuletzt Bischoff & Pedall Motorradfabrik)
Nürnberger Hercules-Werke GmbH, Nopitschstraße 70
Premier Werke AG, Fahrrad & Maschinenfabrik
RUT – August Gernet, Motorfahrzeugbau
S. & G. – Maschinenfabrik Scharrer & Groß, Grenzstraße 13
S. & U. – Sept & Unger, Maschinenfabrik
Triumph Werke AG, Fürther Straße 212
Victoria Werke AG, Ludwig-Feuerbach-Straße 53 (zuletzt Nopitschstraße 70)
Ziegelgängsberger & Jakob – ZIEJANÜ – zuletzt Tafelfeldstraße 71
Zündapp-Werke GmbH, Dieselstraße 10
Zweirad Union AG, Nopitschstraße 70

Claus Schubert

Die Nürnberger Motorfahrzeuge-Fabrik „Union" produzierte unter der Führung von Ludwig Maurer auf dem Werksgelände an der Regensburger Straße 40-46 zu Beginn dieses Jahrhunderts zahlreiche Personen- und Lastkraftwagen sowie Omnibusse. Bemerkenswert an den gebauten Fahrzeugen war das entwickelte Planscheiben-Reibradgetriebe, das die sogenannte Friktionskraftübertragung bewirkte. Im Bild: Ludwig Maurer am Steuer des 4 PS-Einzylinder Friktionswagens (Zweisitzer).

Kleiner Victoria-Motor-Gepäckwagen.

Neben Fahr- und Motorrädern entwickelte die Victoria Werke AG in der Ludwig-Feuerbach-Str. 53 auch einen Lastkraftwagen, der als Motorgepäckwagen vertrieben wurde. Das Fahrzeug kam mit Kasten- oder Pritschenaufbau auf den Markt. Der Motor hatte 2 Zylinder und leistete ganze 7 PS. Die Abbildung stammt aus dem Jahre 1908.

Diese komfortable sechssitzige Limousine produzierte die Victoria-Werke-Aktiengesellschaft im Jahre 1909. Der Wagen war mit einem Vierzylinder-Motor mit 18 – 20 PS ausgestattet. Der Preis des Fahrzeugs ab Werk betrug damals 13 500 Reichsmark.

So sahen die ersten „Omnibusse“ aus, welche die Nürnberger Motorfahrzeuge-Fabrik „Union“ von Ludwig Maurer zusammen mit dem Aufbauhersteller, der Wagenfabrik Gebrüder Ottenbacher in Biberach a. d. Riß um das Jahr 1901 hergestellt hatten. Ebenso wie bei den Automobilen wurden die Omnibusse von Maurer mittels Friktionskraftübertragung fortbewegt.

Die Nürnberger Hercules-Werke AG stellten zu Beginn dieses Jahrhunderts in der Fürther Straße 61 auch Lastkraftwagen her. Während des 1. Weltkriegs wurde eine größere Anzahl von Wagen für den Verwundeten-Transport an das Reichsheer geliefert. Im Jahre 1926 mußte wegen des starken Konkurrenzdrucks anderer Nutzfahrzeughersteller die Lkw-Produktion schließlich aufgegeben werden. Im Bild: Hercules-Motor-Lastwagen der ersten Baureihe nach der Fertigstellung im Jahre 1909.

Die im Jahre 1898 von Johann Estelmann errichtete Fahrzeugfabrik fertigte in den zwanziger Jahren verschiedene Omnibus-Aufbauten für die Nürnberg-Fürther Straßenbahn sowie für die Deutsche Reichspost. Daneben karossierte man in geringer Stückzahl auch Personenkraftwagen wie den abgebildeten NSU (Neckarsulmer Fahrzeugwerke AG), der als Typ 8/24 in der Zeit von 1919 – 1925 produziert wurde. Nach Aufgabe des Karosseriebaus 1923 erfolgte fünf Jahre später die Gründung einer TEMPO-Wagen-Vertretung am Maffeiplatz. 1937 ging diese in der Estelmann & Münzel OHG auf.

Von 1920 bis 1924 hatte die Maschinenfabrik Augsburg-Nürnberg (MAN) den oben abgebildeten 4-5-Tonner-Lastkraftwagen im Bauprogramm, der sich großer Beliebtheit erfreute. Angetrieben wurde der Wagen von einem 45 PS-Benzinmotor mit 4 Zylindern der Bauart „Saurer". Die Höchstgeschwindigkeit lag bei 19,4 Kilometern in der Stunde. Üblich zu jener Zeit waren der Kettenantrieb und die Elastik-Bereifung.

Im Jahre 1923 hatte der von der Maschinenfabrik Ausgsburg-Nürnberg im Werk Augsburg entwickelte Fahrzeug-Dieselmotor Betriebsreife erlangt und war erstmals in einen im Werk Nürnberg produzierten MAN-Lastkraftwagen eingebaut worden. Das Bild zeigt den ersten Diesel-Lastkraftwagen der Welt mit einem 4-Zylinder-MAN-Dieselmotor von 45 PS Leistung.

Ein Auftrag zur Lieferung von 21 Omnibus-Personenanhängern für die Nürnberg-Fürther Straßenbahn brachte der FAUN-Werke AG in der Waechterstraße während der flauen Wirtschaftslage in den zwanziger Jahren eine willkommene Arbeitsauslastung. Das erste Baulos umfaßte insgesamt 16 Anhänger (WG-Nr. 59-74) und wurde 1925 ausgeliefert. Die restlichen sechs Anhänger (WG-Nr. 75-79) gingen 1926 an die Straßenbahn. Im Bild: Omnibus-Anhänger Nr. 64, dessen Karosserie noch aus einem blechbeschlagenem Holzaufbau bestand. Neu dagegen war die eingebaute Achsschenkellenkung anstelle der bisher bekannten Drehschemellenkung.

Auf den Kraftpostlinien der Deutschen Reichspost verkehrten auch Omnibusse aus der Produktion der FAUN-Werke Aktiengesellschaft Nürnberg –, die in Wöhrd ihre Fertigungsstätten hatte. Im Bild: Das Foto aus den zwanziger Jahren vermittelt anschaulich die frühere, kantige Form der Linienomnibusse. Abgebildet ist ein FAUN-Omnibus der Type O 25 mit den typischen Stahlgußspeichenrädern aus der Zeit von 1927– 29. Der Wagen hatte 25 Sitzplätze und erreichte mit dem 100 PS starken Maybach-Benzinmotor eine Höchstgeschwindigkeit von 56 km/h. Den Aufbau lieferte die Karosseriefabrik Trutz in Coburg.

Hercules versuchte in den dreißiger Jahren wie viele andere Firmen mit der Entwicklung eines Dreirad-Personenwagens im Dreiradwagengeschäft Fuß zu fassen. Allerdings blieb der große geschäftliche Erfolg des in der Zeit von 1931 bis 1933 produzierten Wagens aus. Im Bild: Hercules-Dreiradwagen mit einem 200-ccm-Zweitakt-Heckmotor und Kettenantrieb.

Im Jahre 1932 brachte die Maschinenfabrik Augsburg-Nürnberg AG den stärksten Diesel-Lastwagen der Welt auf den Markt. Der Wagen vom Typ S 1 H6 hatte eine Motorleistung von 150 PS und konnte, bedingt durch die dreiachsige Ausführung, 10 Tonnen Nutzlast befördern.

Mit dem Werbeslogan „Rasche Lieferung erfreut den Kunden" warben die Zündapp-Werke Abnehmer für den in der Zeit von 1933 bis 1935 produzierten Schnell-Lieferwagen. Der Kleintransporter hatte einen 11,5 PS-starken Zündappmotor mit Wasserkühlung (2 Zyl. 498 ccm), der über eine Kardanwelle die Hinterräder antrieb. Nach diesem Abstecher in das Lieferwagengeschäft konzentrierten sich die Zündapp-Werke an der Dieselstraße 10 nach der Produktionseinstellung wieder ganz auf den Bau von Motorrädern bis 1957 der Kleinpersonenwagen Janus der Öffentlichkeit vorgestellt wurde.

Mitte der dreißiger Jahre nahm die Firma „Internationale Möbeltransporte Jean Wölfel" diesen luxuriös gebauten Möbeltransportzug in Betrieb. Auf das Motorwagenfahrgestell, das die MAN unter der Typenbezeichnung F 2 N (Omnibus-Niederrahmenfahrgestell) geliefert hat, baute die Wagen- und Karosseriefabrik Karl Kässbohrer in Ulm einen hölzernen Möbeltransport-Aufbau in allerfeinster Ausführung. Der Anhänger kam ebenfalls von Kässbohrer und hatte im vorderen Bereich das bis in die fünfziger Jahre gebräuchliche „Möbelpacker Abteil".

Der Zweckverband Reichsparteitag Nürnberg – ZRN – beschaffte 1938/39 vier Haubenmotor-Reisebusse mit vollverglastem Dachaufbau, die für Besichtigungsfahrten auf dem Reichsparteitagsgelände verwendet wurden. Geliefert worden sind die Wagen von der MAN, Werk Nürnberg. Der Aufbau stammte von der Wagen- und Karosseriefabrik Karl Kässbohrer, Ulm a. d. Donau. Zwei Fahrzeuge und zwei Fahrgestelle von kriegszerstörten Wagen fanden nach 1945 eine Weiterverwendung bei der Nürnberg-Fürther Straßenbahn.

Kriegsbedingt verlagerte die Friedrich Krupp AG ihre Kraftwagenwerke 1944/45 nach Franken und errichtete in Nürnberg und Kulmbach behelfsmäßige Fertigungsstätten. Gleichzeitig firmierte man unter „Südwerke GmbH, Bamberg, Lastkraftwagenfabrik". In Bamberg gab es Platz, um die Verwaltung zu organisieren, während die Teilproduktion und die Fahrzeugmontage in den Hallen der früheren Otto Wolff AG sowie der Südeisenbau in Schweinau aufgenommen wurde. Im Bild: Der erste Nachkriegstyp, ein 4-Tonnen-Lastkraftwagen von Südwerke, hatte noch einen 6-Zylinder-Benzinmotor mit einer Leistung von 110 PS. Der abgebildete Wagen stammt von 1948.

Zum Materialtransport stand dieser Lastkraftwagen der Type MAN/MK, gebaut um 1946, bei der Stadtpolizei Nürnberg im Einsatz. Bei dem Wagen handelt es sich um den ersten Nachkriegstyp von MAN, der im Werk Nürnberg entwickelt und gebaut worden ist.

Die fünfziger Jahre waren die große Zeit der Werbe- und Ausstellungswagen. Viele Nürnberger Firmen wollten sich damals von den Konkurrenzunternehmen besonders abheben und die Blicke der Passanten auf sich ziehen. Ein besonders gelungenes „Wägelchen" war das des Bekleidungshauses Fischer in der Ludwigstraße 4 – 8. Im Bild: Mit den alten A B-Kennzeichen unterwegs war die rosa/weiß lackierte Hutschachtel, die von Minnameier auf ein Tempo-Fahrgestell (Typ Matador mit 24-PS-VW-Motor) montiert war.

Auf den Zahn gefühlt wurde den Schülern in diesem Fahrzeug des städtischen Gesundheitsamtes, das in den Jahren des Wirtschaftswunders von Schulhaus zu Schulhaus fuhr. Genau vier Firmen waren mit der Herstellung des Jugendzahnpflegewagens befaßt: Die Firma Ford in Köln lieferte das Fahrgestell, das bei der Fa. Clerck in Wuppertal bereits die erste Veränderung erfuhr. Friedrich Minnameier erstellte die Karosserie, in welche die Siemens-Reinigerwerke die zahntechnische Ausstattung installierten. Im Bild: Ford/Clerck-Zahnpflegewagen (Typ FK 2000) bei der Indienststellung im Jahre 1953.

Die Fernfahrer Abenteuer der Nachkriegsjahre bleiben ungezählt. Der Fernverkehr der damaligen Zeit spielte sich aufgrund der wenigen Autobahn-Strecken hauptsächlich auf den Bundesstraßen ab. Im Bild: Die stimmungsvolle winterliche Aufnahme zeigt einen Zug der Nürnberger Spedition Stephan Wiesengrund – STEWI – auf der schneeglatten B 2 zwischen Heroldsberg und Nürnberg mit Fahrer Roman Stölting, der gerade von einem Jeep der amerikanischen Besatzungsmacht überholt wird.

Wer erinnert sich noch an diesen Werbe- und Lautsprecherwagen? In den fünfziger Jahren war er bei sportlichen Großveranstaltungen oft als Übertragungswagen im Einsatz. Im Bild: Auf einem MAN-Omnibusfahrgestell (Typ MAN/MKN) erstellte die Karosseriefabrik Friedrich Minnameier diesen formschönen Ausstellungswagen.

Trotz der zunehmenden Motorisierung waren die Linienomnibusse zu Beginn der fünfziger Jahre meistens überfüllt. Im Bild: Im dichten Berufsverkehr startet ein von den FAUN WERKEN NÜRNBERG gebauter Omnibus (der Bauart 07 V mit Rathgeber-Aufbau) der Deutschen Bundesbahn zu seinem Zielort Bayreuth. Der Busparallel-Verkehr zur Schiene hat bei der DB also lange Tradition.

Mitte der fünfziger Jahre standen beim Stadtreinigungs- und Fuhramt überwiegend Kommunalfahrzeuge aus dem Hause FAUN im Einsatz. Im Bild: FAUN-Müllwagen Typ F 50 mit einem 4-Zylinder-Deutz-Motor (95 PS, luftgekühlt) und einem Müllaufbau der Firma Haller, Stuttgart-Feuerbach.

In den Jahren von 1957 bis 1958 bauten die Nürnberger Zündapp-Werke dem Zug der Zeit folgend einen Kleinwagen. Er hatte einen Zweitakt-Vierzylinder-Motor mit 14 PS, der als Mittelmotor im Fahrzeug angeordnet war. Dies machte es erforderlich, daß sich die Rücksitzbank in der Mitte befand, das heißt die Passagiere saßen Rücken an Rücken in dem Wagen. Das Einsteigen geschah durch die Fronttüre und im hinteren Bereich durch eine Hecktüre. Der Janus S 250 war 80 km/h schnell. Gefertigt wurden insgesamt 6900 Stück.

Die FAUN WERKE NÜRNBERG stellten 1965 ihren neuen Fernlastwagen der Öffentlichkeit vor. Das moderne Erscheinungsbild und die geräumige, kippbare Fahrerkabine fanden viel Begeisterung und ein positives Echo in der Fachpresse. FAUN zog sich ab 1969 aus dem Produktionszweig der Fernlastwagen aufgrund des schwieriger werdenden Wettbewerbs zurück. Im Bild: FAUN-Fernverkehrswagen vom Typ F 610 V in der letzten Ausführung mit einem 10 Zyl. Deutz-Motor in V Ausführung und einer Leistung von 250 PS.

Unter der Bezeichnung „Modell 1905" boten die Victoria-Werke im gleichen Jahr ein Motorrad mit einem 3-PS-Vergasermotor an. Der Hubraum des Antriebsaggregats lag bei 80 ccm. Als Sonderwunsch war gegen Aufpreis auch ein 3$^1/_2$ PS-Motor lieferbar!

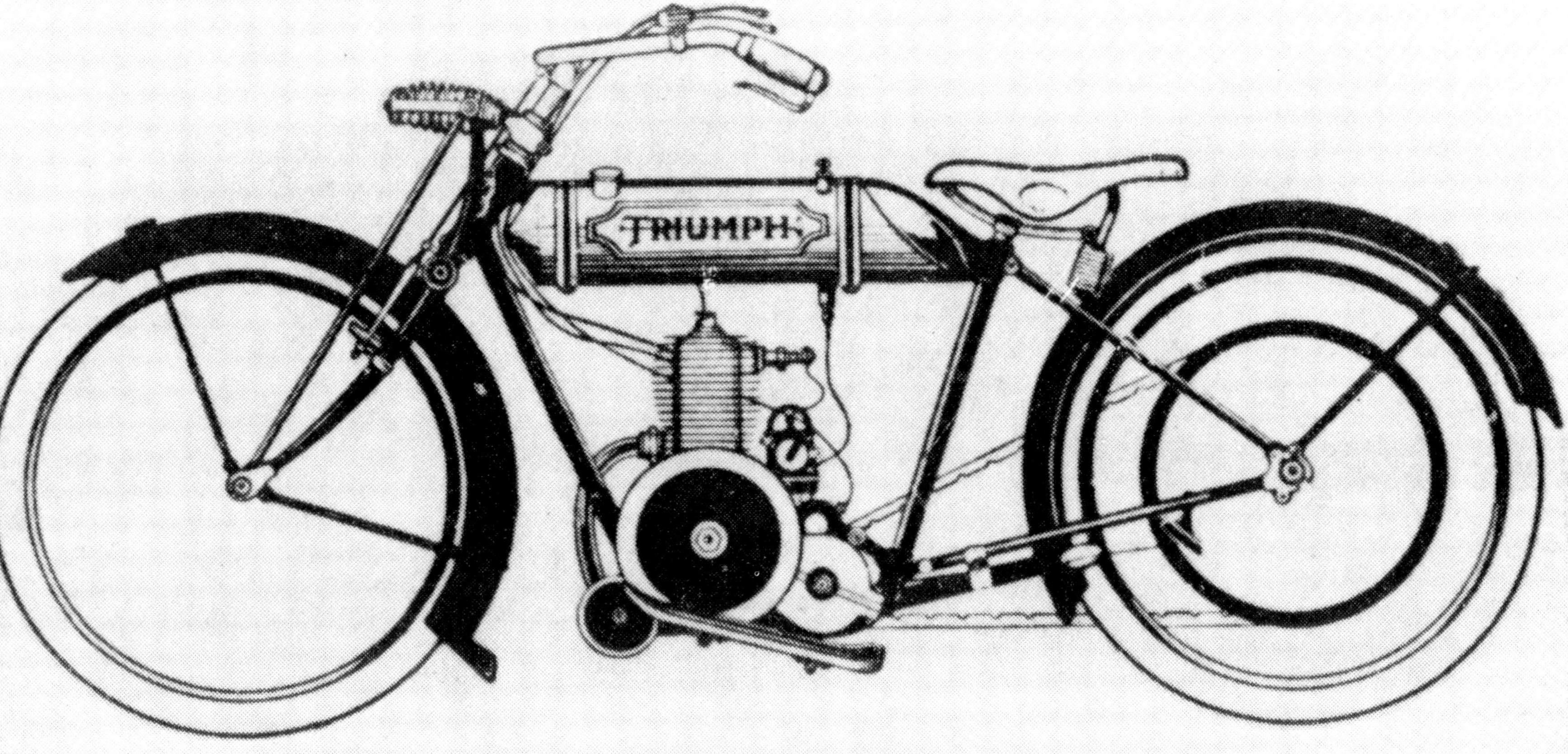

Die Triumph-Werke AG stellten nach einer ersten Produktionsphase (1903–1908) weitere Motorradmodelle her, wie die abgebildete „Knirps", die einen 276-ccm-Zweitaktmotor besaß. Diese einfach ausgeführte Maschine hatte einen Riemenantrieb zum Hinterrad und wurde auf Wunsch auch mit einer Kupplung und einem Zweiganggetriebe geliefert.

Im Jahre 1919 konstruierte Arno Dietrich das erste ARDIE-Motorrad, eine Zweitakt-Maschine mit 3 PS und 305 ccm. 1928 lieferte ARDIE ein 746-ccm-Motorrad mit JAP-Motor (siehe Bild). 30 Jahre später kam dann während der Krise im deutschen Motorradbau das „Aus" für die ARDIE-Werk AG.

Die Zündapp-Werke begannen drei Jahre nach der Gründung (1917) mit dem Motorradbau. Während des zweiten Weltkriegs baute Zündapp für die Deutsche Wehrmacht schwere zweizylindrige Beiwagenmaschinen, bei denen auch das Beiwagenrad angetrieben wurde. Die Aufnahme zeigt eine KS 750 von 1940.

Im Jahre 1951 brachten die Nürnberger Hercules-Werke ein Motorrad mit der Typenbezeichnung 313 auf den Markt. Zum Einbau gelangte ein Fichtel & Sachs-Motor mit einer Leistung von 6,5 PS. Ein Viergang-Blockgetriebe mit Fußschaltung diente der Geschwindigkeitsregelung. Der Hinterradantrieb erfolgte über eine Kette.